PARVIZ AMOGHLI
ALEXANDER MESCHNIG

SIEGEN

PARVIZ AMOGHLI

ALEXANDER MESCHNIG

SIEGEN

oder vom Verlust der Selbstbehauptung

DIE WERKREIHE VON TUMULT **#05**

Herausgegeben von Frank Böckelmann

MANUSCRIPTUM.

Impressum

Fünfte Ausgabe der Werkreihe TUMULT, erste Auflage April 2018
Herausgegeben von Frank Böckelmann/TUMULT. *Vierteljahresschrift für Konsensstörung*, Dresden
www.tumult-magazine.net

© 2018 Manuscriptum Verlagsbuchhandlung Thomas Hoof KG, Lüdinghausen/Berlin

Gestaltung & Herstellung
Titelbild: Gestaltet auf der Grundlage eines Fotos von Sharon Mollerus/Wikipedia.
Autorenfoto Parviz Amoghli: © Parviz Amoghli
Autorenfoto Alexander Meschnig: © Alexander Meschnig
Lektorat: Johann Felix Baldig
Gestaltung: Thomas Löffler, Berlin
Druck und Bindung: druckhaus köthen

Vertrieb (Bahnhofs- und Flughafenbuchhandel)
IPS Pressevertrieb GmbH
Postfach 12 11
53334 Meckenheim
Tel.: +49(0)22 25 88 01-0, Fax: +49(0)22 25 88 01-199
eMail: info@ips-d.de

Pressecode: 4-191061-0189008-01
Titelnummer: 10610
ISBN: 978-3-944872-75-9

Printed in Germany

www.manuscriptum.de

INHALT

VORWORT

Die abendländische Geschichtsschreibung beginnt mit einem großen Sieg. Durch die List des Odysseus fällt nach 10jähriger vergeblicher Belagerung und unzähligen Kämpfen die Stadt Troja. Ihre Mauern werden niedergebrannt, ihre Bewohner getötet oder versklavt. Doch die Griechen werden nicht glücklich mit ihrem Sieg: Agamemnon wird von seiner Gattin Klytaimnestra und ihrem Geliebten Aigisthos nach seiner Rückkehr ermordet; Odysseus irrt 10 Jahre umher, bevor er Ithaka und seine Frau Penelope wieder sieht; Ajax der Lokrer wird wegen seiner Hybris von Poseidon bestraft und auch Menelaos kehrt erst 8 Jahre später in seine Heimat zurück: Der Sieg über Troja ruht wie ein Fluch auf seinen Helden.

In der *Geburt der Tragödie* kommt Friedrich Nietzsche in seiner Analyse des tragischen Lebensgefühls der antiken Griechen und vor dem Hintergrund des Triumphes des Deutschen Reiches in den Einigungskriegen zu der Auffassung, dass ein großer Sieg stets eine große Gefahr darstellt. Im Sieg von 1871 steckt für Nietzsche implizit die Niederlage des deutschen Geistes. Der Sieg enthält in dieser Lesart bereits in sich den Keim des kommenden Unglückes: »Die menschliche Natur erträgt ihn schwerer als eine Niederlage; ja es scheint selbst leichter zu sein, einen solchen Sieg zu erringen, als ihn so zu ertragen, dass daraus keine schwerere Niederlage entsteht.«[1]

Ein Sieg war offensichtlich in seinen (längerfristigen) Folgen noch nie unproblematisch und ist, so die Grundthese unseres Buches, mit dem Ende des Zeiten Weltkrieges aufgrund bestimmter Bedingungen und mentaler Dispositionen faktisch unmöglich geworden. Das gilt – und alle weiteren Ausführungen sind innerhalb dieses einge-schränkten Kontextes zu sehen – für die westliche Welt, paradigmatisch aber insbesondere für Deutschland. Denn Deutschland, so der Universalhistoriker Rolf Peter Sieferle in seinem Großessay *Epochenwechsel*, »ist mental vollständig pazifiziert worden. Die bloße Vorstellung, Krieg

---

1 Friedrich Nietzsche: *Die Geburt der Tragödie. Unzeitgemäße Betrachtungen I–III* (1872 – 1874). Hrsg. v. Giorgio Colli, Berlin 1972, S. 155.

könne weiterhin ein legitimes Mittel der Politik sein, erweckt bis in die Führungsspitzen der Bundeswehr hinein blankes Entsetzen wie wohl sonst nirgendwo in der Welt. (…) Außenpolitische Fragen werden nur insofern wahrgenommen, als sie in Kategorien der Innenpolitik übersetzt, das heißt zu Fragen des ›Rechts‹ oder der ›Moral‹ gemacht werden können.«[2]

Zu siegen setzt voraus, dass es überhaupt eine Unterscheidung zwischen einem »Wir« und einem »Sie« gibt. Der Begriff des Politischen bringt es mit sich, dass eine Differenz von Eigenem und Anderen, Freund und Feind existiert, auch wenn letztere Kategorie inzwischen moralisch diskreditiert ist und als »Hate speech« gilt. Was aber, wenn ein »Anderer« gar nicht mehr gedacht werden kann, da alle bestehenden Unterschiede zwischen Gruppen, Nationen, Ethnien, Kulturen sich in einem moralischen Universalismus auflösen, der nur noch den »Menschen an sich« kennt? In Deutschland hat das Unvermögen, Politik anders als in Kategorien der Moral zu denken, die paradoxe Existenz eines neuerlichen Sonderbewusstseins hervorgebracht, das mit der so genannten Flüchtlingskrise seine konzentrierte Gestalt fand. Da es prinzipiell keine Unterschiede mehr gibt, etwa zwischen Staatsbürgern (»denen, die schon länger hier leben«) und Einwanderern, war die schrankenlose Öffnung der eigenen Grenzen nur ein konsequenter Akt, denn es existiert in dieser Gleichsetzung kein Eigenes mehr, das zu verteidigen oder zu bewahren wäre. Deshalb muss auch alles vermieden werden, das den Eindruck erweckt, egoistische, sprich: nationale Interessen zu vertreten. Niemand, so der CSU-Entwicklungsminister Gerd Müller im Januar 2018 angesichts der Problematik zigtausender abgelehnter Asylbewerber, soll als *Verlierer* zurückkehren.[3] Diese Aussage kann symbolisch für den mentalen Zustand Deutschlands betrachtet werden.

Bevor wir unsere Analyse auf die immateriellen Faktoren zu siegen (Wille, Selbstbehauptung, Verteidigungsfähigkeit etc.) und die aktuelle deutsche Situation zentrieren, werden im ersten Kapitel anhand von vier großen historisch bedeutsamen Siegen die Mechanismen und Phasen im Übergang vom Krieg in den Frieden beschrieben. Dazu gehören die Symbole und Rituale, die den Sieg begleiten, die

Verstetigung des Sieges durch umfassende politische, administrative und kulturelle Maßnahmen. Diese Phänomenologie des Sieges will auf stets wiederkehrende Elemente aufmerksam machen, die einen »wirklichen Sieg« (Clausewitz) begleiten und definieren. Der Besiegte muss in der Folge seine Niederlage anerkennen, der Sieger muss die eigenen Opfer als Helden und Mahnung an die nachkommende Generation ehren und ihr Andenken bewahren:

»Für den Sieger ist es wichtig, dass er den Triumph in seiner ganzen moralischen und symbolischen Totalität auskosten kann. Er muss das Gefühl haben, dass die Opfer nicht umsonst waren; dass er sein Kriegsziel erreicht hat; und dass seine gerechte Sache durch den Sieg bestätigt wird (...). Das erfordert bestimmte Rituale. Es genügt nicht, dass der Gegner einfach kapituliert. Gefordert wird die symbolträchtige Unterwerfung, die Aufführung des Unterliegens als Drama.«[4]

Dieses Drama hat jeweils spezifische historische und kulturelle Ausprägungen, hängt von der Struktur der eigenen Gemeinschaft, der Natur des Feindes, seiner Kampfweise, der Opferbereitschaft auf beiden Seiten und der Akzeptanz der Niederlage ab. Da Siegen zuallererst ein militärischer Begriff ist, richtet sich der Blick im zweiten Kapitel auf die verschiedenen Formen der Kriegführung, die als eine Amalgamierung technischer, ökonomischer, mentaler und politischer Parameter betrachtet werden können. Das Aufkommen von geschulten Kriegern und disziplinierten Armeen hängt eng mit der Existenz größerer politischer Gebilde zusammen, die im Übergang zur Sesshaftigkeit des Menschen entstehen. Jahrtausende lang bestimmte der Kampf von Sesshaften gegen Nomaden die menschliche Geschichte, mit wechselnden Vorteilen und Siegern auf beiden Seiten. Erst mit der Zentralisierung des Gewaltmonopols in den Händen einer souveränen Macht, in Europa etwa ab dem 15. Jahrhundert, verlagert sich der Krieg de facto und de jure auf die Auseinandersetzung von Staaten, die ihren Einfluss und ihr

2   Rolf Peter Sieferle: *Epochenwechsel. Die Deutschen an der Schwelle zum 21. Jahrhundert*, Berlin 2017, S. 118.
3   *Hannoversche Allgemeine* vom 7.1.2018.
4   Eric L. M Kitrick, zit. nach Wolfgang Schivelbusch: *Die Kultur der Niederlage. Der amerikanische Süden 1865. Frankreich 1871. Deutschland 1918*, Frankfurt a. M. 2003, S. 42.

Territorium zu vergrößern suchen. Die mit der Entstehung der Nationalstaaten einhergehende Aufladung des Krieges mit patriotischen Leiden-
schaften, exemplarisch im revolutionären Frankreich, führt – auch
aus demografischen Gründen – am äußersten Ende zu den Mega-
schlachten der beiden Weltkriege mit Millionen von Toten in einem
totalen Krieg, der keine Differenz von Militär und Zivil mehr kennt. Der
Sieg kann hier nur noch in der restlosen Kapitulation der gegnerischen
Staatenallianz als »Unconditional Surrender« gedacht werden, als vollkommene Unterwerfung des Feindes unter den Willen des Siegers.

Bereits der Erste Weltkrieg hat aber, wie im Exkurs »Siegen vs.
Gewinnen« ausgeführt wird, die alte Idee des Siegens zerstört. Der
Kriegeradel, jahrhundertlang der herrschende Stand des Abend-
landes, wird durch die Entwicklung der Maschinenwaffen und die Ein-
beziehung der Massen in den totalen Krieg sukzessive entwertet und
verliert seine soziale Ausnahmestellung. Die »Händler« übernehmen
nun das Zepter, sprich: eine ökonomisch-technische Logik, die den
Sieg am Ende auf einen statistischen Abgleich von Produktionsziffern
reduziert. Der Kalte Krieg war in diesem Sinne eine Art Abkürzung,
indem er die verfeindeten Volkswirtschaften der beiden Systeme ohne
Krieg gegeneinander antreten ließ. Dieser Krieg endete 1989 mit einem
vollständigen Sieg, bei dem aber alle traditionellen Merkmale eines
Sieges weitgehend fehlten.

Nach 1945 ist es für westliche Mächte unmöglich geworden zu
siegen. Das hängt vor allem damit zusammen, dass ein zu allen Opfern
bereiter Gegner nicht mehr gewillt ist, eine (militärische) Niederlage
zu akzeptieren und dass auf der eigenen Seite keine Opferbereitschaft
mehr existiert. Die antikolonialistischen Kriege in Asien und Afrika,
nach dem 11. September 2001 die militärischen Interventionen in
Afghanistan oder im Irak: trotz überwältigender militärischer und
ökonomischer Macht ist ein Sieg nicht mehr zu erringen. Die Opfer
unter den eigenen Soldaten nehmen in der Regel, wie etwa im Irak
zu sehen, erst nach den eigentlichen Kampfhandlungen zu. Westliche
Staaten können aber keine hohen Opferzahlen mehr verkraften, weder
auf der eigenen noch auf der gegnerischen Seite, die aktuell aufgrund
eines gigantischen »Youth Bulges« (Heinsohn), einem Überschuss

an jungen Männern, auch demografisch unzählige Krieger in den Kampf schicken kann. Die »Schwäche« des Westens ist vor allem einer moralischen Asymmetrie geschuldet, die in mentalen Dispositionen, Stichwort: Postheroismus, zu lokalisieren ist und die eigene Verteidigungsfähigkeit in Frage stellt. Krieg zu führen ist heute nur noch unter der Prämisse der Befreiung und humanitärer Gründe möglich, zumindest in der offiziellen Sprache der Politik.

Nach den einleitenden Kapiteln verlassen wir die engere Perspektive des militärischen Sieges und wenden uns der Frage nach den Kriegszielen und der darin implizit formulierten Interessen kriegführender Staaten (Bündnisse) zu. Die Kriegsziele stehen zu Beginn jedes Krieges oder sollten dies zumindest, sie nehmen sozusagen die Bedingungen des Sieges vorweg und definieren den weiteren Verlauf nach dem Ende der Kampfhandlungen. Anhand von drei Beispielen (Deutschland 1914, Vietnam 1954–73 und Kuwait 1991) wird das Fehlen oder die Festlegung auf (militärisch und politisch) nicht erreichbare Ziele als Negativfolie deutlich gemacht, die einen Sieg oder seine Verwaltung unwahrscheinlich machen. Kriegsziele müssen in westlichen Staaten seit dem Ende der Weltkriege von einer Mehrheit der Bevölkerung mitgetragen, Motivation und Interessen müssen klar kommuniziert und plausibel gemacht werden. Die auf Dauer oder von Beginn an fehlende Unterstützung in der Heimat und die Unmöglichkeit, hohe Verlustzahlen zu legitimieren (auch auf Seiten der Gegner), lassen einen Sieg dabei immer unwahrscheinlicher werden, wie etwa der Vietnamkrieg exemplarisch zeigt. In den heute so genannten »Neuen Kriegen« (Münkler) verschwindet darüber hinaus die Differenz von Frieden und Krieg, Soldaten und Zivilisten. Der Krieg hat keinen Anfang und kein Ende, selbst wenn er von der augenscheinlich siegreichen Seite militärisch als beendet erklärt wird.

Als der damals amtierende Präsident der USA, George W. Bush, am 1. Mai 2003 mit einer Lockheed S-3 Viking auf dem Flugzeugträger USS Abraham Lincoln landete, verkündete er seinen Soldaten und der versammelten Weltpresse mit naivem Stolz: »Mission Accomplished«. Eine verhängnisvolle Fehleinschätzung. Der darauf folgende Widerstand gegen die US-Besatzer brachte die bis dato brutalste Gruppierung in der arabischen Welt hervor. Es bildete sich mit dem Islamischen Staat (IS) ein halbstaatliches Raub- und Terrorgebilde, das den Westen als »absoluten Feind« betrachtet. Letzterer hat nach zahlreichen Anschlägen in europäischen Städten mit martialischem Gestus darauf reagiert und dem Terror des IS nicht nur den Krieg erklärt, sondern seine Niederlage angekündigt. »Wir werden den Kampf gegen die Terroristen führen, und wir werden ihn gewinnen«, so auch Bundeskanzlerin Merkel am 31. Mai 2017. Noch vor der Entstehung des IS bringt der Publizist Heinz Gärtner die Spezifik eines solchen Kampfes auf den Punkt:

»Der Ausdruck ›Krieg gegen den Terror‹ hat zu einer Metaphorisierung des Begriffes ›Krieg‹ geführt. Er ist nicht mehr charakterisiert durch Armeen, Schlachten, Uniformen, Strategie, Taktik, Planung, Sieg und Niederlage, durch einen Anfang und ein Ende. Krieg ist jetzt überall. Der ›Krieg gegen den Terror‹ ist ein Krieg der Schläferzellen, der abgelegenen Verstecke im Iran, Irak, in Afghanistan, Deutschland oder Spanien, ein Krieg der beschlagnahmten Computerfestplatten, der eingefrorenen Bankkonten, der chemischen Substanzen und Bakterien, des radioaktiven Materials und der Informationen. Der Feind hat keine Fahne, keine Uniform, keine Panzer und Unterseeboote, keine Bühnen und Paraden. Er ist überall – im Hotel, im Hafen, im Flugzeug, zu Hause und auf dem Fuß- oder Baseballplatz – und nirgends. Der Krieg gegen den Terrorismus umfasst alle ›Fronten‹«.[5]

Jedoch bleibt bis dato unklar, was daraus strategisch und politisch folgt, denn der Westen, speziell Deutschland, sieht sich mit Fragen konfrontiert, die für unsere Politik und Gesellschaft längst aus der Sphäre des Gedanklichen verbannt und weitgehend tabuisiert bleiben.

Die letzten Kapitel beschäftigen sich deshalb mit der Frage des »Verdrängten« und den Herausforderungen, die aktuell auf Deutschland zukommen. Die Selbstzerstörung des Eigenen wird durch den in Zukunft nicht nachlassenden Einwanderungsdruck weiter vorangetrieben. Die Massenmigration tribalistischer Gemeinschaften und Gruppen aus den zerfallenden arabischen und afrikanischen Staaten hat nicht nur die Gefahr terroristischer Anschläge potenziert. Die damit einhergehende Gewaltkriminalität, die Häufung von sexuellen Übergriffen, ein importierter Antisemitismus, die zunehmenden Angriffe auf Polizei oder Rettungskräfte, die Existenz und weitere Entstehung von Clangemeinschaften, religiöse und ethnische Parallel-, besser Gegengesellschaften, all dem hat unsere zivilisierte Welt wenig oder nichts entgegenzusetzen, sieht man vom naiven Postulat der Integration und der Forderung nach Anerkennung des Grundgesetzes durch die Einwandernden ab.

Der Postheroismus hat insbesondere in Deutschland eine Hypermoral hervorgebracht, die rein gesinnungsethisch agiert. Die Institution, die bis dato auch in Deutschland für die Verteidigungsbereitschaft stand, die Armee, hat nicht nur mental längst abgerüstet. Die eigene Selbstgewissheit und die zentrale Voraussetzung für jede Form der Verteidigung, Opferbereitschaft, wird sukzessive durch politische und zivile Akteure zerstört, die darin nur noch Reste einer zu überwindenden Ordnung sehen. Deshalb wird auch der Begriff des Krieges in Deutschland peinlichst vermieden. So nimmt man zwar per Parlamentsbeschluss neuerdings an Kriegen teil, will aber gleichzeitig Pazifist und »Sozialarbeiter in Uniform« bleiben. Am Beispiel der »Bombennacht« von Kunduz (Afghanistan) und dem 2016 veröffentlichten »Weißbuch der Bundeswehr« werden exemplarisch die Zivilisierung des Militärischen und seine weitgehende Entheroisierung deutlich.

Die Gegenwart, so die Grundaussage in Kapitel 5, ist, obwohl weiter in Deutschland massiv bestritten, durch die Rückkehr eines existenziellen Gegners gekennzeichnet, der in uns seinen »absoluten Feind« sieht. Weder ökonomische Bestechung noch politische Zugeständnisse werden den militanten Islam und seine Gotteskrieger in Zukunft befrieden können. Gleichzeitig finden seit Jahren Prozesse innerhalb Deutschlands statt, die die Religion des Islam und ihre Anhänger mehr und mehr in den Mittelpunkt der politischen Agenda setzen. Ein moralischer Universalismus hat nicht nur zur Öffnung der Grenzen geführt, sondern auch zu einer Grenzenlosigkeit der Toleranz, die im kulturell verankerten Selbsthass ihr psychisches Pendant hat.

5   Heinz Gärtner: »Das Chamäleon des Krieges«, in: *Der Standard* vom 5.1.2008.

Das Eigene gilt nicht mehr als bewahrenswert, jede konsequente Politik der Härte, ja nur die Durchsetzung bestehender Gesetze, gilt per se als unmenschlich. Einer tief liegenden moralischen Asymmetrie sind alle Formen der Selbstbehauptung verdächtig. Eigene Interessen, eigene Ziele gelten als unstatthaft oder als Ausdruck eines Partikularismus, der überwunden werden will. Eine kolossale Egozentrik macht Deutschland ein weiteres Mal – diesmal sozusagen invers – zum Sonderfall der Geschichte. Mit allen daraus entstehenden Konsequenzen, bis hin zur Auflösung des Nationalstaates und damit dem Ende des Sozialstaates.

Im abschließenden Exkurs wird der griechisch-mazedonische Grenzort Idomeni als Symbol für die moralische Asymmetrie als auch für eine neue Form der Kriegführung betrachtet, die die amerikanische Autorin Kelly Greenhill in ihrem Buch »*Weapons of Mass Migration*« thematisiert.[6] Die Flüchtlingswelle trifft auf einen demokratischen Westen, der zumindest innerhalb des Zirkels seiner politisch-medialen Eliten das Überwinden partikularer Identitäten, also die Auflösung jedweder nationaler, kultureller oder religiöser Identität propagiert. Idomeni zeigt in aller Deutlichkeit, wodurch sich der »Kampf der Kulturen« (Huntington) im 21. Jahrhundert auszeichnen wird: moralische Asymmetrien, Uneindeutigkeit der Konfliktlinien und Fronten sowie der Einsatz neuer Formen der Auseinandersetzung. Dazu gehört auch die Instrumentalisierung von Menschenströmen, entweder zum Zwecke des Einsickerns von Kämpfern ins Feindgebiet oder zur moralischen Erpressung der Bevölkerung der aufnehmenden Länder. Der Zusammenhang zwischen Terrorismus und Grenzöffnung ist inzwischen evident. Der Verfassungsschutzbericht von 2016 schreibt dazu: »Die islamistisch motivierten Attentate vom 13. November 2015 in Paris haben erstmals gezeigt, dass der IS den Flüchtlingsstrom nutzt, um (Selbstmord-)Attentäter zu entsenden.«[7]

Es gibt und wird auch in Deutschland vermehrt Widerstand gegen die aktuellen Entwicklungen geben. Deutschland steht, wie viele andere (west)europäische Länder, vor entscheidenden Fragen über die Zukunft seines Gemeinwesens und den Umgang mit den bereits existierenden und weiter drohenden Gefahren. Ob die derzeit in der Verantwortung stehende Politikerkaste und insbesondere die mentale Verfassung der Berliner Republik »verteidigungsfähig« ist, bleibt mehr als fraglich. Wie ein erfolgreicher »Widerstand«, wie ein »Sieg« gegen den Terror und seine Begleiterscheinungen aussehen könnte, muss offen bleiben. Der aktuell zu beobachtende Rückzug von Teilen des Bürgertums auf einen Partikularismus hat den nicht zu vernachlässigenden Vorzug, im Gegensatz zum Universalismus, der nur abstrakte Prinzipien kennt, konkrete Interessen, nationaler oder bürgerlicher Provenienz, zu artikulieren. Jeder Selbstbehauptungswille kommt heute aber unweigerlich in das Fahrwasser des Völkischen, Nationalistischen oder Rassistischen, wie die Berichterstattung rund um die Einwanderungspolitik deutlich zeigt, die zur Schlüsselfrage der Zukunft des Landes geworden ist. Partikulare Bewegungen werden, wie die Wahlergebnisse in vielen europäischen Ländern vermuten lassen, angesichts der Entwicklungen in vielen europäischen Staaten zunehmen. Die massive Spaltung innerhalb der deutschen Gesellschaft und quer durch Familien und Freundschaften in Fragen der grenzenlosen Einwanderung und Migration ist vielleicht die verhängnisvollste Entwicklung seit dem Sommer 2015. Denn der in Medien und Politik, aber auch in Kirchen, Wohlfahrtsverbänden, Vereinen und Flüchtlingsinitiativen herrschende moralische Universalismus muss seiner eigenen Logik folgend die Realität stetig verdrängen, will er nicht in sich selbst zusammenbrechen:

»Der Hauptvorwurf, den der neutrale Beobachter dem Universalisten machen muss, zielt daher auf seine Illusionsfähigkeit, seine Identifikation von guter Gesinnung mit gutem Ausgang. Er schließt die Augen vor der Härte der Probleme, weil nur so sein konsequenter Moralismus möglich ist.«[8]

Wohin diese Gesinnung und ihre Postfaktizität führen wird, muss, trotz bereits sichtbarer Verwerfungen, offen bleiben, viel Interpretationsraum für Optimismus bleibt aber nicht, da mit der Masseneinwanderung zum Teil irreversible Entwicklungen angestoßen

6   Kelly Greenhill: *Weapons of Mass Migration. Forced Displacement, Coercion and Foreign Policy* (Cornell Studies in Security Affairs), Cornell University Press, Ithaca 2016.
7   Bundesministerium des Innern (Hrsg.): *Verfassungsschutzbericht 2016*, Berlin 2017, S. 172.
8   Sieferle: *Epochenwechsel*, S. 480 f.

wurden. Es bleibt so nur die Hölderlinsche Hoffnung: »Wo aber Gefahr ist, wächst das Rettende auch.«

Es ist uns klar, dass ein Buch, das allein das schlichte »Siegen« in seinem Haupttitel hat, als bellizistisch gelten wird. Deutschland ist inzwischen soweit pazifiziert und in seiner Selbstachtung beschnitten, dass ein nüchternes Nachdenken über Fragen der Selbstbehauptung auf ein moralisches Verbot trifft. Das Denk- und Sagbare ist während der letzten Jahre immer mehr zusammengeschrumpft, die Zone der tabuisierten Themen ständig erweitert worden, Sprachzensur und Meinungskonformität beherrschen Medien und Politik. Jeder, der sich nicht den politischen und medialen Diskurslinienrichtern unterwirft, gilt heute zumindest als rechts, nationalistisch, rassistisch wenn nicht gleich als »Nazi.« Der französische Philosoph Jean Baudrillard hat dazu bereits 1998 in der *Libération* alles gesagt:

»Die eigentliche Frage ist folgende geworden: Ist es nicht mehr erlaubt, den Mund aufzumachen, irgendetwas Eigenes, Ungewöhnliches, Heterodoxes oder Paradoxes zu äußern, ohne automatisch als Rechtsextremer bezeichnet zu werden (was ja jeweils ein ziemliches Lob für den Rechtsextremismus ist)? Weshalb ist alles Moralische, Konforme und Konformistische, das einst der Rechten eignete, links geworden?«[9]

Wir hoffen abschließend mit unseren Ausführungen einen Anstoß geben zu können, über Fragen jenseits starrer politischer Zuschreibungen von rechts oder links nachzudenken, die nicht auf moralische Kategorien reduziert werden können. Die Frage der Selbstbehauptung steht wie ein Menetekel im Zentrum aller Fragen nach der Zukunft des Landes. Auch wenn es aktuell danach aussieht, als ob die Kräfte der Verdrängung und der Verleugnung des Juste Milieus übermächtig sind: die Wirklichkeit bleibt angesichts der real stattfindenden Prozesse die beste Verbündete.

Berlin, Februar 2018
Parviz Amoghli und Alexander Meschnig

---

9 Zitiert in: Stefan Zenklusen: »Ist der Antirassimus faschistoid geworden?«, abrufbar unter www.gam-online.de , S. 20.

I. PHÄNOMENOLOGIE

VIER »WIRKLICHE SIEGE«

Alesia 52 v. Chr.

Es muss eine unglaubliche Erleichterung unter den in Alesia eingeschlossenen Galliern geherrscht haben, als sie an jenem Septembertag
52 v. Chr. von den Befestigungsanlagen des Oppidum[1] aus das gallische
Entsatzheer hinter dem römischen Belagerungsring erblickten. Endlich war es da! Die Hoffnung der Eingeschlossenen auf Hilfe von außen
war also nicht umsonst gewesen. Damit ist der Tag der Entscheidung
gekommen.

Sechs Jahre zuvor, 58 v. Chr., hatte Caesar die Wanderung der
Helvetier zum Anlass genommen, die Gebiete zwischen der Alpen-
nordseite und der Kanalküste eigenmächtig zu erobern. Was folgt, ist
ein wechselhafter Feldzug, der mal die Römer, mal die Gallier in der
Vorhand sieht. Das letzte Kapitel des Krieges beginnt im Frühjahr 52
v. Chr., als die Verteidiger den Arvernerfürsten Vercingetorix zu ihrem
Anführer wählen. Noch einmal sollen alle Kräfte gebündelt werden,
um die römischen Invasoren zu vertreiben. Doch trotz einiger örtlicher
Erfolge erweisen sich Caesar und seine Legionen letztendlich als
militärisch und taktisch überlegen. Vercingetorix bleibt nur der
Rückzug bis nach Alesia, wo er von seinem römischen Widersacher
schließlich umzingelt wird. Allerdings gelingt es ihm, im letzten
Augenblick, ehe sich der römische Belagerungsring schließt, die
Reiterei aus dem umzingelten Oppidum herauszuschaffen. Ihr Auftrag
lautet, in den Heimatgauen ein Entsatzheer zu mobilisieren.

Seitdem sind etwas mehr als fünf Wochen vergangen. Caesar, über
den Hilferuf des Vercingetorix unterrichtet, hat diese Zeitspanne
genutzt, um Alesia gleich zweifach einzuschließen. Die innere, rund
16 Kilometer lange Befestigungsanlage, die Contravallationslinie,
bildet den eigentlichen Belagerungsring um das Oppidum; die äußere,

---

1 Ein Oppidum bezeichnet eine befestigte Siedlung.

rund 20 Kilometer lange Circumvallationslinie richtet sich gegen die erwarteten Entsatztruppen.[2] In dem nur wenige Hundert Fuß breiten Schlauch zwischen den beiden Linien bereiten sich zehn römische Legionen samt deren numidischen, kretischen und germanischen Hilfskontingenten auf die bevorstehende Zweifrontenschlacht vor. Innerhalb des Rings verschlechtert sich die Situation der Belagerten indes zusehends. Durch die ständigen Kämpfe sowie die prekäre Versorgungssituation ermattet, sind die Gallier am Ende ihrer Kräfte. Lange hätten die Belagerten den römischen Angriffen nicht mehr standhalten können. Doch nun, angesichts des eingetroffenen gallischen Heerhaufens, keimt wieder Hoffnung bei den Eingeschlossenen auf.

Die Schlacht dauert zweiundsiebzig Stunden. Die Entscheidung bringt die römische Reiterei am Ende des dritten Tages. Von Caesar zuvor aus einem weniger umkämpften Abschnitt abgezogen, erscheint sie auf dem Höhepunkt des Kampfes im Rücken des von außen angreifenden gallischen Entsatzheeres. Von Panik ergriffen, brechen die Gallier den Angriff ab und suchen ihr Heil in der Flucht. Als Vercingetorix im Innern des Belagerungsrings die Panik bemerkt, lässt er alle weiteren Ausbruchsversuche einstellen und befiehlt den Rückzug in das Oppidum.

Von da aus macht sich wenig später eine gallische Delegation auf, um im römischen Lager über das Schicksal des Vercingetorix sowie über die Übergabe des Heeres und der Stadt Alesia zu verhandeln. Caesar lässt aber nicht mit sich handeln. Stattdessen erteilt er den Befehl, die Waffen abzugeben sowie die gegnerischen Anführer auszuliefern, insbesondere König Vercingetorix.

Tags darauf erwartet Caesar in seinem Feldherrnstuhl, erhöht auf einem römischen Wall sitzend, die Vorführung der Besiegten. Ein gallischer Krieger nach dem anderen tritt vor ihn hin und legt seine Waffen nieder. Anschließend folgt die Vorführung der Heerführer, wobei die dramatische Selbstauslieferung des Vercingetorix den Höhepunkt bildet. Er erscheint hoch zu Ross und in glänzender Rüstung. Langsam, gemessenen Schrittes umreitet er den Prokonsul, sattelt ab, um zuerst sein Schwert und dann sich selbst in den Staub zu Caesars

Füßen zu werfen. Letzterer quittiert diese Geste gallischer Ritterlichkeit, die selbst hartgesottenen Legionären Bewunderung abnötigt, mit kalter Gleichgültigkeit. Er hat den Verrat des Vercingetorix nicht vergessen, weshalb er ihn unverzüglich in Ketten schmieden und nach Rom bringen lässt. Dort wartet der Gallierfürst sechs weitere Jahre in seiner Gefängniszelle, bis Caesar ihn 46 v. Chr. beim Triumphzug den Massen Roms wie ein exotisches Tier vorführt und im Anschluss im Carcer Tullianus[3] erwürgen lässt.

Was die übrigen Gefangenen betrifft, so erhält jeder Legionär einen Gallier als Sklaven, den Rest verkauft Caesar auf eigene Rechnung. Ausgenommen davon sind allerdings die Kämpfer der Arverner und Haeduer. Noch auf dem Schlachtfeld schenkt der Prokonsul ihnen die Freiheit und nimmt die beiden Völkerschaften wieder in den Kreis der römischen Verbündeten auf. Sie sollen, wie schon in der Vergangenheit, so auch zukünftig das militärische Rückgrat römischer Politik in der neuen Provinz bilden und dies unabhängig von der Tatsache, dass die Arverner Vercingetorix zu ihrem König gewählt und die Haeduer mit ihrem Seitenwechsel den römischen Feldzug an den Rand einer Niederlage gebracht haben.[4] Doch das ist Vergangenheit, in Gegenwart und Zukunft zählen andere Dinge.

Bei der Verwandlung Galliens in eine Provinz Roms verlässt sich Caesar nicht alleine auf die Macht seiner Legionen. Vielmehr räumt er den Galliern weitreichende Autonomie ein und vermeidet es, sich in politische, religiöse, institutionelle oder sonstige gallische Belange einzumischen. Stattdessen verlegt er sich darauf, stets die Tapferkeit der Gallier zu betonen, in den eroberten Gebieten Parteigänger Roms zu installieren, Verdienste um die Ewige Stadt entweder reich mit Geschenken oder mit Vorrechten zu entlohnen und die Stammesführer durch freundliche und entgegenkommende Behandlung zu gewinnen. Dazu gehört ebenfalls, die gallischen Notabeln, obgleich

2 Hans Delbrück: *Die Geschichte der Kriegskunst im Rahmen der politischen Geschichte. Die Neuzeit,* Band 4, Berlin 2000 (Orig. 1908 ff.), S. 603.
3 Ein Gefängnis am Fuße des Kapitols in Rom, das als traditionelle Hinrichtungsstätte diente.
4 Christian Meier: *Caesar,* München 2004, S. 400.

formell keine römischen Bürger, gemäß dem römischen Bürgerrecht zu behandeln.[5]

Doch das ist nur die eine, die politische Seite. Andererseits scheut Caesar nicht davor zurück, seinen Willen mit grausamer Gewalt durchzusetzen, zumindest in den zwei Jahren nach Alesia, in denen der Prokonsul die letzten gallischen Widerstände an der Peripherie des Reiches bricht. In dieser Zeit fordert Caesar immer mehr Geiseln, lässt führende Persönlichkeiten aufrührerischer Stämme hinrichten und in Uxellodunum[6] ordnet er im Anschluss an die Niederschlagung eines Aufstandes an, allen feindlichen Waffenträgern die Hände abzuhacken.[7] Im Sommer 50 v. Chr. ist Gallien schließlich endgültig unterworfen. Wie gründlich, offenbart sich kurz nachdem Caesar nach Rom zurückgekehrt ist. Am 10. Januar 49 v. Chr. überschreitet er den Rubikon und eröffnet damit den Bürgerkrieg gegen Pompeius. Das wäre für die Gallier der ideale Zeitpunkt gewesen, sich ein weiteres Mal, diesmal vielleicht sogar erfolgreich, zu erheben. Doch nichts geschieht. Ebenso wenig wie im Anschluss an die Hinrichtung des Vercingetorix 46 v. Chr. Sie hat keinerlei Auswirkungen auf die Verhältnisse nördlich der Alpen. Gallien ist befriedet.

Schon bald nachdem sich das Land von den Verheerungen des Krieges erholt hat, profitiert die autochthone Bevölkerung von den Errungenschaften der römischen Zivilisation. Die Gebiete westlich des Rheins blühen förmlich auf. Ein neues, sicheres Straßen- und Wegenetz ermöglicht regen überregionalen Handel und Austausch, die einheitliche römische Verwaltung sorgt für klare Verhältnisse und in den neu entstehenden römischen Städten finden sich alle Annehmlichkeiten, die die römische Herrschaft mit sich bringt, von exotischen Früchten über Kunst, Theater und Bäder bis hin zur Kanalisation. Dafür sind die Gallier bereit, ihre alten Stammestraditionen sukzessive aufzugeben und im römischen Reichsverband aufzugehen. Im Ergebnis entsteht eine gallo-römische Kultur, deren steinerne Überreste – Amphitheater, Aquädukte, Thermenanlagen – bis heute Zeugnis davon ablegen, was die Verschmelzung beider Kulturen im Laufe der Zeit zu erreichen vermochte.

Hastings 1066

1066 ist es ein Erbfolgestreit, der den Normannenherzog Wilhelm den Bastard von Frankreich aus über den Kanal nach England führt. Wilhelm erkennt die Erhebung des angelsächsischen Adligen Harald Godwinson zum englischen König Harald II. nicht an und reklamiert den Thron für sich selbst.

Bei Hastings treffen die Heerhaufen der beiden Rivalen am 14. Oktober 1066 aufeinander. Am Abend desselben Tages bedecken Tausende Tote den Kampfplatz. Unter ihnen befindet sich neben dem Großteil des angelsächsischen Adels auch Harald II. Sein Tod – angeblich traf ihn ein Pfeil ins Auge – hat letztendlich die Entscheidung gebracht. Während die wenigen »Hauskerle«, eine Art englische Garde, nach dem Tod ihres Anführers auf dem Schlachtfeld weiterkämpfen und niedergemacht werden, sucht die Masse des englischen Heeres, unerfahrene englische Bauernsoldaten, ihr Heil in der Flucht. Dass sie nicht ebenfalls vollkommen vernichtet werden, ist einem mehrere Meter tiefen, überwachsenen Graben, »The Malfosse«, zu verdanken. In der hereinbrechenden Dunkelheit nicht zu erkennen, wird dieser zur Todesfalle für die normannische Reiterei. Die Anzahl der heranpreschenden Verfolger, die über den Grabenrand in den Tod stürzen, ist derart groß, dass Wilhelm die Verfolgung der Fliehenden abbrechen muss.

Als er in der Nacht auf das Schlachtfeld zurückkehrt, kümmert er sich umgehend und persönlich darum, dass die gefallenen Normannen am nächsten Tag feierlich in einem Gemeinschaftsgrab beigesetzt werden. Die angelsächsischen Leichname werden dagegen geplündert, ihrer Rüstungen beraubt und ansonsten den Aasfressern überlassen. Es gibt freilich Ausnahmen. Sprechen Angehörige eines gefallenen Engländers bei ihm vor, lässt Wilhelm Großmut walten und erlaubt ihnen die üblichen Beerdigungsrituale.

---

5 Georg Weber/Alfred Baldamus: *Geschichte der römischen Republik*, Wiesbaden 1997, S. 410.
6 Eine keltische Siedlung, die vermutlich auf einem felsigen Hügel über dem Tal der Dordogne, dem Puy d'Issolud, nahe der heutigen Gemeinden Vayrac und Saint-Denis-lès-Martel, lag.
7 Meier: *Caesar*, S. 400.

Dieses Zeichen der Versöhnung gilt indes nicht für Harald II. Nachdem dessen Leichnam identifiziert und dem Normannenfürsten gezeigt worden ist, bietet der Legende nach Haralds Mutter Wilhelm an, gegen Herausgabe der sterblichen Überreste ihres toten Sohnes diesen in Gold aufwiegen zu lassen. Doch der Sieger lehnt ab. Der Vergeltungswunsch für Haralds vermeintlichen oder tatsächlichen Eidbruch ist zu groß. Die Leiche Haralds verschwindet, ohne Spuren zu hinterlassen.

Wilhelm verbringt noch fünf weitere Tage auf dem Kampfplatz und wartet auf die Unterwerfungsgesten des angelsächsischen Restadels. Als diese ausbleiben, beginnt er einen verheerenden Zug durch die angelsächsischen Grafschaften bis vor die Tore Londons, wo er schließlich am Weihnachtstag 1066 in der Westminsterabtei, der neu erbauten Krönungskirche der angelsächsischen Herrscher, seinen Triumph auf dem Schlachtfeld mit der Krönung zum englischen König vollendet.

Bei der anschließenden Inbesitznahme Englands sieht er sich mit einer ganz ähnlichen Ausgangslage konfrontiert wie Caesar in Gallien, denn auch hier bedeutet der Sieg in der Schlacht nicht das Ende aller Kampfhandlungen. An der Peripherie seines neuen Herrschaftsgebietes formiert sich der angelsächsische Widerstand gegen die Besatzung.

Wilhelm antwortet darauf ähnlich Caesar in unterschiedlicher Weise. Zum einen geht er wie der große Römer mit ausgesuchter Brutalität gegen die Rebellen vor. Überall, wo die Soldaten des neuen Königs auftauchen, bringen sie Leid und Zerstörung über das Land, und dies in einem Ausmaß, das selbst für das nicht gerade zimperliche Mittelalter bemerkenswert ist. Zum anderen organisiert Wilhelm das eroberte Territorium von Grund auf neu. Angelsächsische Adlige, die seine Legitimität bestritten beziehungsweise auf Seiten Haralds gekämpft haben, verlieren ihre Ländereien und werden durch normannische Adelige ersetzt. Weiter teilt er die Besitzungen in kleinere Einheiten auf und schafft Verwaltungsstrukturen, die die Unabhängigkeit des angelsächsischen Adels zugunsten eines Systems beenden, das den Thron mit zentralistischer Macht ausstattet. Und zum dritten nutzt er die traditionellen Konflikte der englischen Edlen untereinander, um seine Macht in den zu besetzenden Gebieten zu festigen.

Geschickt spielt er die Fürsten gegeneinander aus, indem er sie mit Versprechungen lockt und mit Geld und Ländereien besticht.

Sechs Jahre nach Hastings, 1072, ist der letzte Widerstand gebrochen. Wilhelm I., von nun an »der Eroberer«, hat alle seine Widersacher und Konkurrenten aus dem Feld geschlagen und seine Macht bis an die Grenze zu Schottland ausgedehnt. Im selben Jahr begibt er sich zurück in die Normandie. Dort haben Verwandte seine lange Abwesenheit für eine Erhebung genutzt. Fünf Jahre zuvor ist er schon einmal aufs europäische Festland gereist, um sich von seinen französischen Untertanen ob des Sieges über die Angelsachsen feiern zu lassen und ihnen den englischen Staats- und Kirchenschatz zu präsentieren. Damals waren kurz nach seiner Abreise auf der Insel blutige Aufstände ausgebrochen. Doch diesmal verhalten sich die Besiegten ruhig.

Dafür sorgt nicht zuletzt ein Netz von Burgen, mit dem Wilhelm I. das ganze eroberte Land überzieht. Noch heute thronen sie als steinerne Machtdemonstration mit Ewigkeitsanspruch über den englischen Landschaften. Von hier aus übernehmen die nach der Eroberung Englands aus Frankreich kommenden neuen Eliten das Ruder in Staat und Kirche. Mit ihnen hält neben einer neuen Sprache die moderne, kontinentale Lebensweise der Sieger Einzug auf der Insel. Der beheimateten Kultur technisch, zivilisatorisch und intellektuell überlegen, fällt ihr in der Folge die dominierende Rolle bei der Verschmelzung der beiden ehemals höchst unterschiedlichen Kulturen der Normannen und Angelsachsen zur englischen Nation zu.[8]

Konstantinopel 1453

Als der osmanische Sultan Mehmed II. Anfang April 1453 die Belagerung Konstantinopels aufnimmt, geht es diesem zwar auch um die Eroberung eines Throns, nämlich den des römischen Kaisers, jedoch nicht vorrangig. In der Hauptsache hat er es auf die Vernichtung des byzantinischen Feindes abgesehen. Dem erst neunzehnjährigen Sultan wohnt bereits seit einigen Jahren das Selbstverständnis eines

---

8 Leopold v. Ranke: *Englische Geschichte*, hrsg. v. Willy Andreas, Essen 1996 (Orig. 1859), S. 19.

Glaubenskriegers inne, der nach Auslöschung des östlichen Zentrums der Christenheit verlangt.

Am Vormittag des 29. Mai 1453 ist es dann soweit. Zuerst dringen nur einige wenige, dann immer mehr Janitscharen, so die Legende, über eine unverschlossene Pforte, die Kerkaporta, in die Stadt ein.[9] Bei dem Versuch, den Einbruch abzuriegeln, findet Kaiser Konstantin XI. kurz darauf den Tod. Als sich die Nachricht davon unter den Verteidigern der Stadt verbreitet, gibt es kein Halten mehr. Einheimische Soldaten verlassen ihre Posten und eilen zu ihren Familien um zu retten, was nicht mehr zu retten ist. Währenddessen flüchten die ausländischen Kämpfer in der Hoffnung, auf einem der nicht-türkischen Schiffe entkommen zu können, in Richtung Hafen. Tatsächlich haben sie Glück im Unglück. Da die türkischen Matrosen mit der Erstürmung der Seemauern beschäftigt sind, können rund anderthalb Dutzend mit Menschen und Material überladene griechische und italienische Schiffe dem türkischen Zugriff entkommen.

Währenddessen ziehen immer mehr osmanische Truppen in die Stadt ein, anfangs noch wohlgeordnet und mit klingendem Spiel.[10] Doch sobald sie die Innenstadt erreichen, legen sie jede Disziplin ab und beginnen zu plündern und zu brandschatzen, so wie es ihnen ihr Sultan nach muslimischer Kriegssitte am Vorabend des Angriffs erlaubt hat. Die Einwohner der Stadt, noch rund fünfzigtausend Menschen, werden zu Opfern der Marodeure. Alte, Kranke und Kinder, also all jene, denen die Sieger keinen (Verkaufs-)Wert zumessen, werden erschlagen. Der Rest wird in die Sklaverei verschleppt. Gleichzeitig fallen die Zeichen und Symbole der östlichen Christenheit dem Spott und der Vernichtung durch die muslimischen Eroberer anheim. Häuser, Paläste und Kirchen werden zerstört, ihr Inventar geraubt; Reliquien werden aus ihren Schreinen gerissen, Kunstwerke zerschnitten oder zerschlagen und Bibliotheken verbrannt: »Nie wird die Menschheit zur Gänze wissen, was für ein Unheil durch die offene Kerkaporta hereingebrochen ist und wieviel bei den Plünderungen Roms, Alexandriens und Byzanz der geistigen Welt verloren ging.«[11]

Mehmed II. wartet mit seinem Einzug in die Stadt bis die erste Plünderungswelle über sie hinweggegangen ist. Am späten Nachmittag begibt er sich geradewegs zur Hagia Sophia, wo er zuerst vor der Kathedrale der Heiligen Weisheit seinem Gott dankt und anschließend im Innern die tausendjährige Pracht Byzanz' bewundert. Danach lässt er einen Imam holen, dessen islamisches Glaubensbekenntnis den militärischen Triumph besiegelt. Angeblich verrichtet Mehmet II. sein Gebet auf dem Hauptaltar der Kathedrale des Justinian. Spätestens mit dieser Geste der absoluten Überlegenheit hat der Sultan sein Kriegsziel erreicht. Ostrom ist vernichtet, der christliche Stachel im osmanischen Fleisch beseitigt.

Von da an ist es derselbe Glaubenseifer, der Mehmed II. zur Eroberung Konstantinopels angetrieben hat, der ihn nun zur Milde und religiösen Toleranz gegenüber den besiegten Christen verpflichtet. So lässt er, entsetzt vom Anblick der Zerstörungen, die Brandschatzung der Stadt bereits am Abend des ersten statt, wie den siegreichen Truppen versprochen, des dritten Tages abbrechen; außerdem schenkt der Sultan noch während der Verteilung der Beute den Edeldamen der versklavten byzantinischen Adelsgeschlechter die Freiheit, nicht selten ausgestattet mit einem Geldgeschenk, damit sie ihre Angehörigen auslösen können. Schließlich erlaubt er den Griechen, die bis zum dritten Tag nach der Eroberung den Marodeuren und der Versklavung entgangen sind, die Rückkehr in ihre Häuser. Dort sollen sie unbehelligt und gemäß ihrer Religion weiterleben können. Zu diesem Zweck hat Mehmed II. die Kirchen der Stadtteile Konstantinopels, die sich nach dem Eindringen der Osmanen kampflos ergeben haben, von ausgesuchten Truppen sichern und beschützen lassen.

Neben dem islamischen Toleranzgebot ist das Verhältnis des Sultans zu den Besiegten von Respekt und Neugier geprägt. Obwohl er Zeit seines bis dahin noch jungen Lebens danach gestrebt hatte, Ostrom zu erobern, hat er dennoch höchste Achtung vor den kulturellen,

9 Janitscharen waren eine Eliteeinheit der osmanischen Armee. Sie entwickelte sich Mitte des 14. Jahrhunderts und bestand zunächst aus christlichen Kindern, die anfangs als Kriegsbeute und später durch ein besonderes Aushebungsverfahren, der Knabenlese, »gesammelt« und zu Kriegern erzogen wurden, die dem Sultan treu ergeben waren. In der Regel war davon jeder vierzigste christliche Junge zwischen sieben und vierzehn Jahren betroffen.

10 Steven Runciman: *Die Eroberung Konstantinopels*, München 2012, S. 151 f.

11 Stefan Zweig: *Sternstunden der Menschheit*, Frankfurt a. M. 1998, S. 64.

künstlerischen und zivilisatorischen Leistungen des römischen Kaiserreichs. Nachfolger Caesars und Konstantins zu sein, erfüllt ihn mit Stolz. Deshalb lässt er es sich auch nicht nehmen, bei den Feierlichkeiten anlässlich der von ihm veranlassten Wiederherstellung des Patriarchats in der Rolle des römischen Kaisers aufzutreten und dem von ihm ausgewählten Patriarchen nach altem, byzantinischem Zeremoniell dessen Amtsinsignien zu überreichen. Fortan betrachtet sich Mehmed II. als Schutzherr der griechisch-orthodoxen Gläubigen. Weil diese von nun an seine Untertanen sind, macht er aus ihrer Gemeinschaft ein *millet*, eine religiös und kulturell selbstverwaltete Gemeinde.

Trotz aller Toleranz und allem Entgegenkommen blieben die Griechen dennoch Untertanen zweiter Klasse. Der Bau neuer oder die Restaurierung zerstörter Kirchen ist ihnen verboten, sie sind verpflichtet, spezielle Kleidung zu tragen und das Mitführen von Waffen ist ihnen ebenso untersagt wie den Männern der Bart, ausgenommen es handelt sich um Geistliche. Die griechischen Bewohner müssen türkische Steuern zahlen, unterstehen türkischem Recht, sind in gerichtlichen Auseinandersetzungen mit Muslimen bis zur Chancenlosigkeit benachteiligt und christliche Familien müssen es hinnehmen, dass man ihnen ihre Söhne im Rahmen der »Knabenlese« wegnimmt und zu Janitscharen erzieht.

Die in Konstantinopel verbliebenen Griechen arrangieren sich gezwungenermaßen mit den Diskriminierungen. Zum einen, weil sie zu keinem bewaffneten Widerstand mehr fähig sind und überdies von ihren westlichen Glaubensbrüdern keine Hilfe mehr zu erwarten haben. Dort hat der Fall Konstantinopels zwar für Panik gesorgt, ernsthafte Pläne zur Rückeroberung Ostroms werden aber nie gefasst.

Zum anderen profitieren die Besiegten aber auch von der Entwicklung, die die Stadt unter Mehmed II. nimmt. Denn da sich der Sultan als Nachfolger der Caesaren versteht, sieht er sich in der Pflicht, nicht nur seinen Thronsitz von Adrianopel zu verlegen, sondern überdies der zerstörten Kaiserstadt zu neuem Glanz zu verhelfen. Konstantinopel soll wieder zu einer strahlenden Metropole werden, zu einem Zentrum für Kunst, Kultur, Wissenschaft und Philosophie, nur diesmal unter islamischen Vorzeichen. Zu diesem Zweck werden aus dem ganzen osmanischen Herrschaftsbereich Türken und Griechen nach Konstantinopel umgesiedelt. Das geschieht auf der einen Seite durch Lockungen wie Beihilfen und Vorrechte, die den Aufbau einer Existenz im wiedererstehenden Konstantinopel ermöglichen sollen. Auf der anderen Seite forciert Mehmed II. den Bevölkerungszuwachs durch Zwangsmaßnahmen. Davon betroffen sind vor allem die Einwohner jener griechischen Städte, die sich das in den Jahren nach der Eroberung von Konstantinopel expandierende Osmanenreich einverleibt. In großer Zahl wird ihnen der Umzug in die neue Hauptstadt befohlen. Darunter befinden sich neben Adligen zumeist gut ausgebildete Händler, Architekten, Steinmetze, Bauarbeiter oder sonstige Vertreter von Handwerksberufen, die beim Wiederaufbau einer Stadt von Nutzen sein können.

In der Folge dauert es nicht lange, bis die ehemalige Kaiserstadt zu neuem Leben erwacht und viele Menschen aufgrund der vielfältigen Möglichkeiten, die sich hier eröffnen, freiwillig zurück nach Konstantinopel kommen. Als der Sultan 1481 stirbt, hinterlässt er eine aufstrebende Stadt, deren Einwohnerzahl sich vervierfacht hat: »Er hatte die alte baufällige, zerbröckelnde Hauptstadt der byzantinischen Kaiser zerstört und an ihrer Stelle eine neue und glanzvolle Metropole geschaffen…«[12].

Berlin 1945

Am 2. Mai 1945 fahren sowjetische Lautsprecherwagen durch Berlin, um den Befehl zur Kapitulation unter den verbliebenen Verteidigern der Reichshauptstadt und der Zivilbevölkerung zu verbreiten. Zwei Tage zuvor ist der Reichskanzler und »Führer« Adolf Hitler durch Selbstmord aus dem Leben geschieden. Wenige Stunden danach erscheint eine Abordnung unter General Krebs im Quartier des sowjetischen Marschall Schukow mit der Bitte um einen Waffenstillstand. Damit hat der Krieg zur Befreiung der Welt vom Nationalsozialismus, beziehungsweise der Kampf gegen die

---

12 Runciman: *Die Eroberung von Konstantinopel*, S. 166.

faschistische Bestie, wie es in der Sowjetunion Stalins heißt, sein militärisches Ende gefunden.

Überall in den Straßen Berlins feiern kleinere und größere Gruppen von Rotarmisten bei Wodka und Musik ausgelassen ihren Sieg über das Deutsche Reich. Dessen geschlagene Soldaten, abgerissen und des Kämpfens schon lange müde, kriechen derweil mit erhobenen Händen aus ihren Stellungen. Von Spott, Häme und Verwünschungen begleitet, werden sie entwaffnet, gesammelt und in endlosen Marschkolonnen durch das Ruinenfeld Berlin gen Osten geführt. Am Wegesrand stehen ihre Generale, die die Parade der Elenden abzunehmen gezwungen sind. Dazwischen immer wieder Gruppen von Zivilisten, Greisen, Frauen und Kindern, die von den Rotarmisten herangezogen werden, ihre zerstörte Stadt aufzuräumen, so wie die sowjetische Stadtbevölkerung wenige Jahre zuvor von der siegreichen deutschen Wehrmacht. An vorderster Front dabei: die Kameramänner der Roten Armee. Sie setzen den Sieg in Szene, sei es als Vorbeizug zerlumpter Gestalten, als Vorführung der geschlagenen Kommandeure oder als Machtdemonstration, während derer die Symbole der NS-Herrschaft auf alle erdenklichen Weisen zerstört und anschließend mit Füßen getreten werden. Mal in Großaufnahme, mal in der Totale, lassen sie die Sowjetbürger in Leningrad, Moskau oder Rostow an der Erniedrigung des Feindes teilhaben.

Keine Bilder, zumindest keine offiziellen, gibt es hingegen von den privaten Demütigungsritualen der Rotarmisten in jenen Tagen und vor allem Nächten während und direkt nach der Schlacht. Zwar versuchen die Führung der Roten Armee sowie Kommandeure einzelner Einheiten Übergriffe auf die Zivilbevölkerung zu verhindern, denn wie die Erfahrungen seit dem Januar 1945 zeigten, waren solche Disziplinlosigkeiten der Kampfkraft der Truppen überaus abträglich. Zeitweise ist eine geordnete Führung der Soldaten nicht mehr möglich und wiederholt haben die Exzesse sogar den Vormarsch der Roten Armee verzögert[13]. Die sowjetische Führung antwortet darauf mit drakonischen Strafen, bis hin zu Erschießungen ihrer Soldaten, was jedenfalls vorübergehend zu einer Eindämmung der Ausschreitungen führt. In Berlin gilt das alles nicht mehr. Sei es aus Rache, sei es, weil

die sowjetischen Bauernsoldaten »ihre eigene Erniedrigung über-
wanden, wenn sie andere ihre Macht spüren ließen«[14] – die Stunde der
Abrechnung ist gekommen. Am meisten darunter zu leiden haben die
einheimischen Frauen. Zehntausende werden vergewaltigt, die genaue
Zahl ist unbekannt und wird es bleiben, genauso wie die Anzahl derer,
die in diesen Stunden den Tod finden beziehungsweise sich selbst das
Leben nehmen.

Drei Tage nach dem Ende der Kämpfe macht sich schließlich
Marschall Schukow von seinem Befehlsstand aus auf, das eroberte
Schlachtfeld in Augenschein zu nehmen. Wie das islamische Glaubens-
bekenntnis in der christlichen Hagia Sophia den militärischen Triumph
des Sultans besiegelt, besiegelt die Besichtigung der zerschossenen
Machtzentralen des Dritten Reiches durch den Marschall der Roten
Armee den militärischen Triumph über den Nationalsozialismus.

Zwischen dem 17. Juli und dem 2. August 1945 kommen in der
heimlichen Hauptstadt Preußens, in Potsdam, dann die »Großen Drei«
zusammen, um über die Zukunft Deutschlands zu beraten. Vertreter
der Besiegten sind nicht dabei. Angesichts der Verbrechen, die in
ihrem Namen begangen worden sind, haben sie jedes Recht auf Mit-
sprache bei der Neuorganisation Europas verloren. Aus demselben
Grund ist auch keine autochthone Regierung vorgesehen. Die Hand-
lungsmacht liegt voll und ganz in der Hand des Alliierten Kontrollrats
mit Sitz in Berlin. Deutschland und die Deutschen sind nicht mehr als
politische Objekte, über die die Sieger unumschränkt verfügen.

Auch wenn die siegreichen Alliierten noch vier Jahre lang
gemeinsam und an einem anderen symbolträchtigen Ort, in Nürn-
berg, zu Gericht über die Hauptkriegsverbrecher sitzen, beginnt sich
der Zusammenhalt der Anti-Hitler-Koalition schon bald nach der
bedingungslosen Kapitulation aufzulösen. Die Blöcke, die den Kalten
Krieg dominieren werden, nehmen Form an. Für die Deutschen im
Westen bedeutet dies in den nächsten vier Jahren die Installierung
einer bürgerlich-kapitalistischen Ordnung nach demokratischem

---

13 »Jetzt wird Selbstbeherrschung verlangt «, in: *Der Spiegel* 20/1975.
14 Jörg Baberowski: *Verbrannte Erde – Stalins Herrschaft der Gewalt*, Frankfurt a. M. 2014, S. 437.

Vorbild. Marshallplan, Währungsreform, Soziale Marktwirtschaft und Parlamentarischer Rat sind einige Wegmarken dieses Vorgangs. Der Osten Deutschlands hingegen wird in eine stalinistisch organisierte »Klassenherrschaft des Proletariats« transformiert. Die Stichworte hierzu lauten: Bodenreform, Industriedemontage, Zwangsvereinigung und Einparteiendiktatur.

Neben der Aufteilung Deutschlands beschließen die »Großen Drei« in Potsdam, das deutsche Volk einer ideologischen Neuausrichtung zu unterziehen. Nach Auffassung der Alliierten sind die Deutschen, respektive deren kollektiver Geist, verseucht von preußischem Militarismus und nationalsozialistischem Rassewahn. Zu ihrem eigenen, vor allem aber zum Wohle ihrer Nachbarn, sollen sie ein für alle Mal von beidem befreit werden. Dafür sollen kurzfristig Entnazifizierungen sowie langfristig die Umerziehung der Deutschen hin zu einer demokratischen und pazifistischen Gesellschaft sorgen. Allerdings existiert dafür keine gemeinsame alliierte Vorgehensweise, so dass es jeder Besatzungsmacht selbst überlassen bleibt, wie sie die »Reeducation« in der Realität umsetzt.

In der sowjetischen Besatzungszone nutzen die Sieger die Entnazifizierung für politische und ideologische Säuberungsaktionen. Oppositionelle werden zu Tausenden verschleppt, entweder in die Sowjetunion oder in sogenannte Speziallager. Darunter befinden sich nicht wenige, die erst kurz zuvor aus nationalsozialistischen Lagern befreit worden waren. Zudem tauschen die Sieger im Osten das Ideal der Rasse gegen das der Klasse aus und verordnen den Verlierern von nun an den dialektischen Materialismus als in jeglicher Hinsicht normative Instanz. Wie in totalitären Regimen üblich, sind Kinder und Jugendliche für die neuen Machthaber von besonderem Interesse. Sie sollen zu Staatsbürgern erzogen werden, »die den Ideen des Sozialismus treu ergeben sind.«[15] Deshalb setzt bereits kurz nach der Geburt die staatlich betreute Vorbereitung auf ein Leben nach den Regeln des propagierten Glaubens an die Kraft des Sozialismus ein. Kein Bereich des Alltags ist davon ausgenommen. Von der Wiege bis zur Bahre ist das gesamte Leben in der SBZ/DDR dem Welterklärungsmodell der Sieger unterworfen. Abweichende Meinungen werden nicht toleriert, Widerstand mit eiserner Faust unterdrückt, wie etwa am 17. Juni 1953, als die Rote Armee ein Blutbad unter demonstrierenden Arbeitern in Berlin anrichtet.

Im Westen sind solche Machtdemonstrationen nicht nötig. Hier interpretiert man den Aufstieg Hitlers und des Nationalsozialismus, anders als im Osten, nicht als soziologisches, sondern als politisches und moralisches Problem. Daraus folgt eine Politik, die genau entgegengesetzt zum verordneten Klassenkampf in der SBZ die Reaktivierung deutscher Bürgerlichkeit zum Ziel hat. Entsprechend unterscheiden sich die Methoden der West-Alliierten von denen der Sowjetunion bei Entnazifizierung und Umerziehung der Deutschen.

Was Erstere betrifft, so zeigen sich Briten und Franzosen von Beginn an pragmatisch. Nationalsozialisten, die höhere und höchste öffentliche Ämter bekleidet haben, werden entlassen und/oder zur Verantwortung gezogen. Die Masse der Mitläufer ist nicht von Interesse. Die Amerikaner hingegen gehen bei der Säuberung des öffentlichen Lebens von NS-Gedankenträgern zunächst äußerst engagiert vor. Jedoch erweist sich die Praxis bald als zu langwierig und nur schwer handhabbar. Die Internierung von weit über hunderttausend tatsächlicher oder vermeintlicher Täter führt zudem zu Personalnotständen in der Verwaltung und zu Unruhe innerhalb der Verlierergesellschaft. Infolgedessen erlahmte der ursprüngliche Elan bei der Entnazifizierung rasch.

Im Gegensatz zu der gescheiterten Entnazifizierung führen die Maßnahmen zur langfristigen Neuorientierung der bundesdeutschen Geistes- und Ideenwelt zu durchschlagendem Erfolg. Sofort nach dem Ende der Kampfhandlungen beginnen die westlichen Siegermächte mit der Reorganisation von Verwaltung, Medien, Kultur und Bildung. Die neu geschaffenen, von staatlicher Einflussnahme freien Strukturen und Institutionen bilden gemeinsam mit einem demokratisch verfassten Schul- und Bildungssystem das Rückgrat westalliierter »Reeducation«. Sie umfasst zwei Komponenten: Einerseits sollen die Westdeutschen mit den nationalsozialistischen Verbrechen konfrontiert, andererseits sollen sie von der Überlegenheit des westlichen Gesellschaftsentwurfs

---

15 § 1 Absatz 1 des Jugendgesetzes der DDR vom 28. Januar 1974.

überzeugt werden. Um das zu erreichen, liegt der Schwerpunkt weniger auf direkter Indoktrination durch die Ideologie der Sieger. Stattdessen sollen die Segnungen und Annehmlichkeiten einer freiheitlich-kapitalistischen Ordnung dafür sorgen.

Die Verlierer danken es dem Sieger mit ehrlicher Loyalität. Die Deutschen sind des Krieges und der Ideologien müde. Sie haben in zwei verlorenen Weltkriegen gesehen, wohin beides führt. So wenden sie sich von der Vergangenheit ab und genießen die Freiheiten und den Luxus, die ihnen die Niederlage beschert hat. Eindrücklicher als mit einer Käferfahrt nach Rimini konnte der von den Alliierten vertretene Gesellschaftsentwurf seine Überlegenheit gegenüber dem untergegangenen Reich nicht demonstrieren. Fortan hält die amerikanische Gegenwartskultur triumphalen Einzug in den bundesdeutschen Alltag. Musik, Filme und Literatur verbreiten das Lebensgefühl der Sieger unter den Verlierern, die es dankbar aufnehmen. Die Leerstelle, die die Abwendung vom Alten hinterlässt, wird psychisch mit kultureller und gesellschaftlicher Nachahmung der Siegerkultur gefüllt. »In Deutschland war tatsächlich zu beobachten, dass die Besiegten bereit waren, die Prinzipien der Sieger vollständig zu übernehmen. Es hätte nicht lange gedauert, und sie hätten sich selbst zu den Siegern gezählt.«[16]

DREI INBESITZNAHMEN

Die oben beschriebenen vier Siege umfassen einen Zeitraum von annähernd zweitausend Jahren. Zwischen ihnen bestehen keine direkten politischen, kulturellen oder sonstigen Verbindungslinien. Nichtsdestotrotz gibt es Gemeinsamkeiten. So handelt es sich bei allen um *wirkliche* Siege. Der bekannteste Philosoph des Krieges, Carl von Clausewitz, bezeichnet damit Siege, nach denen die Verliererseite im Anschluss an eine Hauptschlacht weder physisch noch moralisch in der Lage ist, den Krieg fortzuführen:

»Es ist das plötzliche Zusammenbrechen der gespanntesten Hoffnungen, das Niederwerfen des ganzen Selbstgefühls. An die Stelle dieser vernichteten Kräfte strömt in das entstandene Vakuum die Furcht mit ihrer verderblichen Expansivkraft und vollendet die

Lähmung. Es ist ein wahrer Nervenschlag, den einer der beiden Athleten durch den elektrischen Funken der Hauptschlacht bekommt.«[17]

Überdies zeichnen sich wirkliche Siege dadurch aus, dass die Verlierer die Sieger im Laufe der Zeit nach der Niederlage als würdige Sieger anerkennen. Um diesen Zustand zu erreichen, ist ein Vorgehen gefragt, das die Ansprüche der einen mit der Würde der anderen Seite in Einklang bringt, so dass am Ende ein für beide Seiten nutzbringender und erfolgreicher Übergang vom Krieg in eine neue und dauerhafte Friedensordnung steht.

Zudem verdeutlichen die vier ausgewählten *wirklichen* Siege, dass sich an der Struktur eines Sieges über Jahrtausende hinweg nur wenig geändert hat. Zu siegen bedeutet, sich in einen Prozess zu begeben, der sich bis weit hinter Waffenstillstand und Kapitulation hinzieht und insgesamt drei Phasen umfasst, die wiederum als drei Inbesitznahmen beschrieben werden können. Es sind dies die Aneignungen

- des Schlachtfeldes,

- der eroberten Gebiete sowie

- der Geistes- und Ideenwelt der Besiegten.

Jede der drei Phasen verfügt über einen eigenen Zeithorizont sowie spezifische Rituale und Zeremonien, in denen sich der Sieg artikuliert. Gemeinsam ist ihnen die Absicht, die Besiegten zu erniedrigen und gleichzeitig die Macht und Überlegenheit der Sieger zu demonstrieren. Jedoch richten sie sich an jeweils unterschiedliche Adressaten, von den Soldaten, über die Gesamtgesellschaft bis hin zu den nachfolgenden Generationen der Verliererseite. Dementsprechend unterscheiden sich die Erniedrigungsrituale von Phase zu Phase.

Was die Zeremonien zur Inbesitznahme des Schlachtfeldes betrifft, so unterteilen sie sich in jene, die allein dem Triumph gelten, also

---

16 Sieferle: *Epochenwechsel*, S. 139.
17 Carl von Clausewitz: *Vom Kriege*, Berlin 1994 (Orig. 1832), S. 238.

»*reine*« Siegesfeierlichkeiten[18], und solche, die es auf die Demütigung der Geschlagenen abgesehen haben. Zur ersten Gruppe zählen gemeinsame Gebete, Opfergaben und Gottesdienste. Wie man bei Ausbruch des Krieges und direkt vor der Entscheidungsschlacht himmlischen Beistand erflehte, gilt es nun für den erfolgreichen Abschluss des Krieges zu danken. Trophäen werden eingesammelt und präsentiert, Paraden und Truppenbesichtigungen abgehalten, der siegreiche Feldherr zeigt sich seinen Soldaten und lässt sich von diesen feiern, Musik spielt auf, es wird getanzt, Lieder werden gesungen, Orden verliehen, Belobigungen ausgesprochen und die Kriegsbeute verteilt.

Diese Feierlichkeiten finden ihre Verlängerung in ähnlichen Ritualen fernab des Schlachtfeldes, in der Heimat. Sobald dort die Nachricht vom Sieg eingegangen ist, werden ebenfalls Dankgottesdienste abgehalten, ziehen Paraden und Prozessionen durch die Städte, versammeln sich Menschen zu Jubelfeiern und Regierungen wenden sich mit Ansprachen an die Regierten. Darin wird noch einmal an den Grund und die Ziele des Krieges erinnert, es werden die Leiden thematisiert, die nicht nur an der Front, sondern auch daheim, bei den Angehörigen, zu durchleben waren. Die größte Aufmerksamkeit wird naturgemäß den siegreichen Soldaten zuteil. Sie sind *Helden*. Das gilt umso mehr für diejenigen, die ihr Leben gaben. Ihr Opfer erhält durch den Sieg nachträglich einen Sinn. Zudem sind die Toten Mahnung und Verpflichtung an die Überlebenden, nun erst recht für die gemeinsame Sache, die sie das Leben gekostet hat, einzustehen:

»Denn gemeinsam gaben sie ihre Leiber hin und empfingen dafür jeder den nicht alternden Lobpreis und ein weithin leuchtendes Grab. Mit solchen Vorbildern sollt auch ihr das Glück in der Freiheit sehen und die Freiheit im kühnen Mut und euch nicht zu viel umblicken nach den Gefahren des Krieges«[19].

Zurück auf dem Schlachtfeld beginnen zeitgleich mit den »reinen« Siegesfeierlichkeiten die Demütigungsrituale gegenüber dem geschlagenen Feind. Zu den milderen Varianten gehören das In-den-Staub-Werfen der Feldzeichen des besiegten Heeres, die Entwaffnung, Vorführung und Gefangennahme desselbigen sowie die Auslieferung der geschlagenen Anführer. Allerdings bleibt es oftmals nicht dabei.

Die Palette der Rituale, mit denen siegreiche Soldaten darüber hinaus auf dem Schlachtfeld ihre Allmacht gegenüber den Besiegten zum Ausdruck bringen, reicht von sexuellen Übergriffen, Leichenschändungen und Folterungen über Raub, Versklavung, bis hin zu Mord und Plünderungen.

Ob es nach Ende der Hauptschlacht zu Gewalttätigkeiten und Misshandlungen kommt, und wenn ja in welchem Ausmaß, hängt unter anderem von der Art und den Zielen des Krieges ab. Die Kabinettskriege zwischen dem Westfälischen Frieden und dem Beginn der Französischen Revolution, in denen wie Delbrück schreibt der »Krieg und die Schlachten (...) eine Art potenzierter Turniere (sind)«[20], ziehen andere Siegesfeierlichkeiten auf dem Kampfplatz nach sich als Eroberungs- oder gar Vernichtungskriege; irreguläre Kämpfer werden anders behandelt als reguläre, in den Augen der Sieger ehrenhafte Soldaten anders als unehrenhafte. Überdies entscheiden Dinge wie eine als heimtückisch empfundene Kampfführung, vermuteter oder tatsächlicher Verrat, begangene Verbrechen oder was sonst noch die Vergeltungssucht der Sieger befeuern könnte über die Intensität der Erniedrigungsrituale auf und neben dem Schlachtfeld.

In der zweiten Phase des Sieges, der Aneignung der Verlierergebiete, weiten die Sieger ihren Triumph räumlich aus: Von den besiegten Soldaten auf die Gesamtheit der Verlierergesellschaft. Hier helfen die Überlegenheitsgesten auf dem Schlachtfeld nicht weiter, umso weniger, da die Besatzungstruppen der besiegten Gesamtbevölkerung in der Regel rein zahlenmäßig weit unterlegen sind. Damit in den besetzten Gebieten trotzdem Ruhe und Ordnung einkehren, bedarf es zum einen der Bereitschaft der Verlierer, ihre Niederlage dauerhaft, über das Schlachtfeld hinaus, zu akzeptieren. Zum anderen braucht es eine Besatzungspolitik, die verhindert, dass eben dieses Eingeständnis widerrufen und erneut zu den Waffen gegriffen wird. Infolgedessen verschieben sich mit zunehmender Dauer einer Besatzung die Machtverhältnisse auf der Seite der Besatzer. Sukzessive treten Generale und

18 Martin van Creveld: *Kriegs-Kultur*, Graz 2011, S. 176.
19 Gefallenenrede des Perikles, Thuk. 2, 43.
20 Hans Delbrück: *Kriegskunst*, Band 4, S. 418.

Soldaten zugunsten von Beamten, Juristen und Diplomaten in den Hintergrund. Davon bleibt das Wesen der Demütigungsrituale nicht unberührt. Sie verlagern sich von der Ebene der direkten, aggressiven Machtdemonstration auf die der psychologischen sowie administrativen Erniedrigungen.

Den Anfang macht die symbolische Einnahme des politischen/religiösen/kulturellen Zentrums der Verlierer durch die Sieger. Am bekanntesten ist diesbezüglich wohl die Parade der siegreichen Truppen in der Hauptstadt der Verlierer. Doch das ist ein relativ junges, nationalstaatlich geprägtes Zeremoniell. Davor demonstrierten die Sieger ihre Macht zumeist im wichtigsten Gotteshaus der Besiegten oder am Herrschaftssitz des geschlagenen Fürsten. Wilhelm I. lässt sich in der Westminsterabtei zum englischen König krönen und Mehmed II. residiert als muslimischer Herrscher in Ostrom.

Der symbolischen Übernahme der Macht im Zentrum folgt die in den übrigen Verlierergebieten. Besatzungstruppen schwärmen aus, die neuen Machthaber zeigen bis in den letzten Winkel des besiegten Landes Präsenz. Dabei werden überall die Insignien der alten Regierung durch die der Eroberer ersetzt. Derart umdekoriert werden aus den Herrschafts- und Verwaltungszentren der Verlierer die Herrschafts- und Verwaltungszentren der Sieger. Weitere Maßnahmen zur Klarstellung der neuen Machtverhältnisse sehen unter anderem Straf- beziehungsweise Reparationszahlungen und Sondersteuern vor. Und nicht zuletzt sind verschiedene Rechtskodizes üblich, die einerseits den Siegern Sonder- und Vorrechte einräumen und andererseits dem Status der Verlierer als Menschen zweiter Klasse Gesetzeskraft verleihen.

Um jeden Kontakt zwischen Besatzern und Besetzten zu unterbinden, ergehen seitens der Sieger nicht selten Fraternisierungsverbote. Diese erweisen sich in der Regel allerdings als wirkungslos. Mit zunehmender Dauer wachsen die Schnittmengen gemeinsamer Interessen zwischen Siegern und Besiegten, Kompromisse müssen gemacht werden, die privaten wie politischen Verflechtungen verdichten und vervielfältigen sich, wodurch sich Form und Funktion der Triumphgesten ein weiteres Mal verändern. Sie wandern mehr und mehr ins Protokollarische ab, wo sie zum Verhandlungsgegenstand zweier Parteien werden, die wenn auch nicht auf Augenhöhe, so doch in annähernd symmetrischer Form verkehren.

Dieser Prozess läuft desto schneller ab, je größer die zivilisatorischen und kulturellen Gemeinsamkeiten zwischen Siegern und Besiegten sind. Daher ist es sogar möglich, eine scheinbar unversöhnliche Feindschaft innerhalb weniger Jahre in eine Partnerschaft, wenn auch unter eindeutigen Machtverhältnissen, zu verwandeln. Ein Beispiel dafür ist Westdeutschland nach 1945. Hier trafen in allen drei westlichen Besatzungszonen Bürger auf Bürger, die über vergleichbare Bildungsgrade, Lebensweisen sowie Prinzipien verfügten. Das erschwerte die Aufrechterhaltung der absoluten Feindschaft seitens der Sieger. Hinzu kam die grundsätzlich antikommunistische Grundhaltung des deutschen Bürgertums, die im aufziehenden Kalten Krieg mehr galt, als etwaige Verstrickungen in der jüngsten Vergangenheit. Abzulesen ist dieser Vorgang am Scheitern der Entnazifizierung. Was mit großem Elan begann, endete letztlich damit, dass es dem Zufall überlassen blieb, ob man »auf die Anklagebank geriet oder in ein vertrauliches Verhältnis zu den Militärregierungen.«[21]

Die dritte Phase eines Sieges bezeichnet nach dem militärischen Triumph und der politischen Aneignung der besetzten Gebiete die Inbesitznahme der Geistes- und Ideenwelt der Verlierer. Die Adressaten der Riten, Gesten und Maßnahmen sind nun die zukünftigen Generationen der Verliererseite. Deren Väter Niederlage soll im kollektiven Gedächtnis verankert werden, wenn möglich auf ewig.

Aus diesem Grund bestehen die Krieger-, Denk- und Ehrenmäler der Sieger auch aus Materialien mit Ewigkeitsanspruch: Stein oder Bronze. Sie werden überall in den Verlierergebieten aufgestellt und gewöhnlich obliegt es den Besiegten, für den Bau und die Unterhaltung dieser Gedenkplätze sowie für deren Pflege und Instandhaltung aufzukommen. Die größte Bedeutung kommt dabei den Anlagen in der Hauptstadt beziehungsweise auf dem Schlachtfeld des letzten Waffengangs zu. Sie sind die Orte, an denen die Sieger

---

21 Golo Mann: *Deutsche Geschichte des 19. und 20. Jahrhunderts*, Frankfurt a. M. 1992, S. 973.

anlässlich diverser Jahrestage, die gerne als neue Feiertage in den besetzten Gebieten eingeführt werden, die Verlierer regelmäßig mit der Niederlage konfrontieren. Beispiele dafür sind zum einen der 29. Mai, an dem die Türkei bis heute, fünfhundertfünfundsechzig Jahre danach, den Fall Konstantinopels feiert. Zum anderen der 8. Mai, der Tag der bedingungslosen Kapitulation der Wehrmacht, der in der DDR zwischen 1950 und 1967 als arbeitsfreier »Tag der Befreiung des deutschen Volkes vom Hitlerfaschismus« gefeiert wurde.

In die dritte Phase gehören außerdem die militärischen, administrativen, religiösen und zivilen Gebäude, welche die Besatzer im Laufe der Zeit in ihrem neuen Herrschaftsbereich erbauen. Seit Menschengedenken dient die Architektur dem Ausdruck herrschaftlicher Macht und Gesinnung, insbesondere im Falle einer Eroberung, weshalb der Sieger in der Regel mit dem Ende der Kampfhandlungen die bauliche Umgestaltung der gewonnenen Landstriche in Angriff nimmt. Dem folgten sowohl die Römer in Gallien, die Normannen in England, die Osmanen in Konstantinopel als auch die Sowjets in der SBZ. Sie alle gaben ihren Eroberungen ein neues, siegergefälliges Antlitz.

Wichtiger aber als jede Bautätigkeit ist die Frage, ob und inwieweit es die Besatzer schaffen, innerhalb der Verlierergesellschaft einen Identifikationsprozess mit ihren Prinzipien, Idealen und ihrer Philosophie in Gang zu setzen. Das freilich ist ein Prozess, der Zeit kostet und dessen Ausgang stets offen bleibt. Er gestaltet sich umso schwieriger, da der Sieger zwar die militärischen wie auch politischen Fähigkeiten der Besiegten zum Widerstand langfristig brechen kann, doch droht stets die Idee der Revanche auf Seiten der Unterlegenen. Die Erfahrung des Besiegtseins führt in der Regel zur schonungslosen Aufarbeitung und Auseinandersetzung mit der Niederlage.[22] Wo liegen die Gründe und Ursachen? Dabei kommt alles auf den Prüfstand. Gleichzeitig öffnen sich die Verlierer neuen Ideen und Gedanken. Bei der Suche nach Auswegen, nach Möglichkeiten, sich von der fremden Macht zu befreien, gibt es keine gedanklichen Tabus mehr. So bietet die Niederlage den Verlierern »Erkenntnischancen, die ihren Anlass überdauern (…) Im Besiegtsein liegt offenbar ein unausschöpfliches Potential des Erkenntnisgewinns.«[23]

Wie letzterer ausfällt, ob für oder wider die neue Ordnung, liegt letztendlich nicht in der Macht der Sieger. Dennoch können sie die Voraussetzungen für einen in ihrem Sinne positiven Verlauf des Prozesses schaffen. Dafür ist die Entwicklung der Lebensumstände der Verlierergesellschaft von entscheidender Bedeutung. Je mehr es den Siegern gelingt, die Überlegenheit ihres Gesellschaftsentwurfes gegenüber dem des Vorgängerregimes zu beweisen, umso größer ist die Bereitschaft der Besiegten, sich den Prinzipien und Idealen der neuen Herren nicht nur unterzuordnen, sondern diese zu übernehmen, selbst wenn das bedeutet, sich für Wohlstand, Rechtssicherheit, technologischen und zivilisatorischen Fortschritt von alten und einst über alles geschätzten Freiheiten zu verabschieden.

Wohin es führen kann, wenn das nicht gelingt, demonstriert das Ende der sowjetischen Besatzung in der DDR. Zeit seiner Existenz schaffte es der Kommunismus nicht, die Bevölkerung für sich zu gewinnen. Beredtes Zeugnis dafür sind neben den vielen tausend Republikflüchtlingen, die zuerst aus der SBZ und anschließend aus der DDR in den Westen »rübermachten«, die Ereignisse im Herbst 1989. Vierzig Jahre oder zwei Generationen seit Gründung der DDR und eine umfassende tägliche Propaganda reichten nicht aus, den Sozialismus in den Köpfen und Herzen der Besiegten zu verankern. Die Folgen sind bekannt. Die Sowjetunion, ehemals Sieger des Weltkriegs, nun Verlierer des Kalten Krieges, gibt ihre Besatzungszone auf, ihre Satrapen verschwinden von der Bildfläche, der östliche Teilstaat löst sich auf und tritt dem westlichen bei.

Zurück bleiben die steinernen Erinnerungen der Roten Armee an ihren Sieg über die Wehrmacht. Kein Dorf, keine Gemeinde und keine Stadt im Osten der heutigen Bundesrepublik, die nicht über ein sowjetisches Ehren- oder Denkmal verfügt. Inzwischen haben sie ihre ursprüngliche Bedeutung als ewige Machtdemonstration verloren. Stattdessen sind sie der Beweis dafür, dass die militärische und politische Unterwerfung des Feindes nicht ausreicht, einen Sieg zu verstetigen.

22 Vgl. dazu Schivelbusch: *Die Kultur der Niederlage*, Frankfurt a. M. 2003.
23 Reinhart Koselleck: »Erfahrungswandel und Methodenwechsel«, in: *Zeitschichten*, Frankfurt a. M. 2000, S. 77.

MORALISCHE GRÖSSEN

Der Sieg der Anti-Hitler-Koalition über das Dritte Reich war in unserem Sinne der bislang letzte *wirkliche* Sieg. Und wir wagen die Hypothese, er war vielleicht sogar der letzte seiner Art. Seitdem gibt es keine »wirklichen Siege« mehr. Hauptgrund dafür ist die Logik und das Prinzip der so genannten »Neuen Kriege« (Münkler). Sie haben wieder zur Entstaatlichung und Asymmetrisierung des Krieges geführt und damit die seit der Neuzeit vertrauten Mechanismen eines herkömmlichen bewaffneten Konflikts ausgehebelt. Davon betroffen ist auch der klassische Prozess des Siegens. Im einundzwanzigsten Jahrhundert werden Wille und Fähigkeit des Feindes zur Fortsetzung des Kampfes nicht mehr vornehmlich auf dem Schlachtfeld gebrochen und schon gar nicht in einer einzelnen Entscheidungsschlacht. Damit fehlt aber die Voraussetzung, den herkömmlichen Sieg-Prozess einzuleiten. Zudem haben Territorium, Räume und deren Okkupation in den Neuen Kriegen keine Bedeutung mehr. Der militante Islam als Antipode des Westens und dessen weltweit agierende Kämpfer sind zu mobil, als dass man ihnen durch die Besetzung von »Schurkenstaaten« und deren politische und kulturelle Neuorganisation nach westlichem Vorbild Herr werden könnte. Heutzutage schafft man mit der Besatzung keinen Frieden, stattdessen heizt man die Konflikte nur noch weiter an, wie etwa die beiden fehlgeschlagenen Okkupationen in Afghanistan nach 2001 und im Irak nach 2003 zeigen.

Auch wenn die markig inszenierte Sieg-Rhetorik im Nachgang der diversen Anschläge in europäischen Großstädten Entschlossenheit demonstrieren will, hat der Westen keine Antwort auf die Frage, wie man heute siegen kann – und vielleicht gibt es auch keine mehr. Das gilt erst recht für die Bundesrepublik. Hier, wo bereits der Begriff Krieg ängstlich mit Euphemismen bemäntelt und die Bundeswehr nicht einmal bedingt abwehrbereit ist, kann sicher kein Beitrag erwartet werden, wie man den bereits begonnenen »Krieg gegen den Terror« führen und zu einem siegreichen Ende bringen soll.

Dem Drei-Phasen-Modell des klassischen Sieges liegt neben der materiellen noch eine immaterielle, eine moralische Dimension zugrunde, die mindestens genauso wichtig ist, wie die physischen, militärischen Fähigkeiten. Clausewitz schreibt dazu in seinem Hauptwerk *Vom Kriege:* »Wie ein Obelisk, auf den die Hauptstraßen eines Ortes zugeführt sind, steht in der Mitte der Kriegskunst gebieterisch hervorragend der feste Wille eines stolzen Geistes.«[24]

Das gilt erst recht für die »Neuen Kriege«. Wo früher noch technologische und ökonomische Überlegenheit den Ausschlag über Sieg und Niederlage gaben, haben sie heute kaum eine Bedeutung mehr. Satellitengestützte Waffensysteme sind machtlos gegen Gotteskrieger, die in Supermärkten auf wehr- und arglose Konsumenten einstechen. Angesichts einer solchen asymmetrischen Kriegsführung, die unter Umgehung einer militärischen Konfrontation direkt die zivile Gesellschaft angreift, kommt Ende der 2010er Jahre der mentalen und moralischen Verfasstheit der Gesellschaft mehr denn je eine entscheidende Bedeutung zu.

Was die Berliner Republik anbetrifft, so bietet sich diesbezüglich allerdings ein bedenkliches Bild. Über die postheroischen Zweifel am eigenen Selbst ist ihr das innere Gleichgewicht abhandengekommen. Das aber ist eine gefährliche Situation. »Überhaupt dürfen wir das verlorene Gleichgewicht der moralischen Kräfte (…) nicht geringachten; es kann von einem so überwiegenden Gewicht werden, daß es mit der unwiderstehlichen Gewalt alles niederwirft.«[25]

Den politischen und gesellschaftlichen Vorgängen in den 1960er Jahren kommt bei der ideologischen Ausgestaltung dieses Prozesses eine zentrale Rolle zu. In diesem Jahrzehnt wird das Unbehagen am westlichen Zivilisationsmodell weitgehend zum Konsens. Was in der ersten Nachkriegszeit auf linke, pazifistische Gruppen, Künstler und Intellektuelle beschränkt geblieben ist, erreicht nun durch die sich formierenden Schüler- und Studentenbewegungen von San Francisco über London und Paris bis nach Berlin weite Teile der Gesellschaft. Das Privileg der Jugend nutzend, begehrt sie im Gestus unverhohlener moralischer Überlegenheit gegen ihre Eltern auf. Unter der Parole

24 Clausewitz: *Vom Kriege*, S. 77.
25 Ebd., S. 212.

»*Make love, not war*« setzen sie der atomaren Bedrohung das Utopia von der »Einen Welt« entgegen, in der alle Religionen, Ethnien und Kulturen im Zeichen der Liebe friedlich und harmonisch zusammenfinden.

In der Bundesrepublik wird dieser globale Generationenkonflikt des Westens noch durch die Auseinandersetzung zwischen Eltern und Kindern hinsichtlich der NS-Zeit angeheizt. Norbert Elias schreibt dazu: »Nach einer Phase fast grenzenloser Überhöhung des nationalen Ideals sahen sich die nun heranwachsenden Generationen nicht nur mit dem Makel der Niederlage belastet, sondern darüber hinaus mit dem schwerer zu bewältigenden Makel einer Nation, die zu barbarischen Gewalttätigkeiten neigte.«[26] Um sich davon zu befreien, wendet sich die aufbegehrende Jugend dem Marxismus zu. Einmal, weil damit die größtmögliche ideologische Distanz zwischen sich und ihre Eltern beziehungsweise Großeltern ausgedrückt wird. Zum anderen, weil in den theoretischen und moralischen Formeln des Kommunismus ein Ausweg aus den sinnlosen Zwängen einer Welt gefunden wird, deren (angeblich) faschistischer Wesenskern in der Unterdrückung und Ausbeutung nicht-westlicher Völker besteht.

Die Hinwendung zu egalitären und internationalistischen Ideen ist als eine Art Katharsis zu verstehen, als »eine Reinigung von dem belastenden Fluch der nationalen Vergangenheit.«[27] Befeuert wird dieser Prozess von der besonderen Situation Westdeutschlands im Kalten Krieg. Hier ist das Thema Krieg oder Frieden nur mehr ein theoretisches, die teilsouveräne und unverändert besetzte BRD ist aus den weltpolitischen Händeln herausgenommen. Die Bruchlinienkonflikte und Stellvertreterkriege dieser Zeit fechten andere aus. Der einzige Waffengang, in den der westliche Teilstaat hätte verwickelt werden können, hätte gleichzeitig das Ende der gesamten Menschheit bedeutet. In diesem Klima entwickelt und verbreitet sich eine Ethik, in der sich ein normativer Individualismus mit der Auffassung vom Primat der Moral paart. Der Moralphilosoph Richard M. Hare nennt dies die »Overridingness« moralischer Gründe. Gemeint ist damit die Annahme, dass »moralische Gründe (...) Gründe kultureller Tradition, ästhetischen Geschmacks, Sitten und Gebräuche, öko-

nomischer Kosten, gewohnter Lebensweisen usw. (übertrumpfen).«[28]
Mit den einst gefeierten marxistischen Prinzipien hat dieser moralische
Rigorismus nicht mehr viel zu tun.

Im Jahr 1999, ein Jahr nachdem eine rot-grüne Koalition auf den
Regierungsbänken Platz genommen hat, sind deutsche Soldaten erstmals seit 1945 wieder in Kampfhandlungen verstrickt. Begründet wird
die Beteiligung am NATO-Kampfeinsatz gegen Serbien mit dem größtmöglichen Einsatz bundesdeutscher Rhetorik: »Nie wieder Auschwitz«
(Joschka Fischer). Es ist dies ein viel zu wenig beachteter Wendepunkt
in der deutschen Nachkriegsgeschichte. Krieg ist nun wieder möglich,
vorausgesetzt, er lässt sich in der Öffentlichkeit, ungeachtet der
darunter liegenden politischen und ökonomischen Interessenslagen,
als ethisch, moralisch und völkerrechtlich geboten, als »Humanitäre
Intervention« darstellen.

Anders der militante Islam. Allahs Krieger interessieren westliche Moralvorstellungen und das Völkerrecht nicht. Sie sind auf die
gewaltsame Missionierung ihrer Feinde aus. Ihr Ziel kann als ein
klassischer Sieg gelten, da die Eroberung, Unterwerfung und Umerziehung der Ungläubigen im Zentrum steht. Dabei gleichen sie militärische Unterlegenheit durch fanatischen Glauben und Kampfmoral
aus. Dagegen konnte bislang selbst der forcierte Drohnenkrieg nichts
ausrichten, von dem man mit Blick auf die Anonymität des Tötens
annehmen müsste, er hätte eine besonders demoralisierende Wirkung
auf die Kämpfer. Das aber ist nicht der Fall. Vielmehr scheinen der
Elan und der Wille zur weiteren Eskalation davon unberührt.

Derzeit hat es nicht den Eindruck, als gäbe es in absehbarer Zeit
Antworten auf die Frage, ob und wie der Kampf- und Siegeswille des
militanten Islam gebrochen werden kann, beziehungsweise, ob die
äußerst verletzbaren westlichen Gesellschaften bereit und mental in der
Lage sind, die täglich anfallenden Opfer auf beiden Seiten zu ertragen.

---

26 Norbert Elias: *Studien über die Deutschen. Machtkämpfe und Habitusentwicklung im 19. und 20.
Jahrhundert*, Frankfurt a. M. 1989, S. 301.
27 Ebd.
28 Konrad Ott: *Zuwanderung und Moral*, Leipzig, 2016, S. 21.

II. DISPOSITIVE DES KRIEGES

WARUM KRIEG?

Alesia, Hastings, Konstantinopel und Berlin bezeichnen Orte entscheidender Schlachten und den Abschluss von zum Teil langjährigen Kriegshandlungen. Der Besiegte akzeptiert, nicht immer sofort, seine Niederlage und anerkennt den Sieg des Feindes. Der Sieg markiert dabei die Grenze von Krieg und Frieden. Da, wo sich der Verlierer seine militärische Niederlage nicht eingestehen kann, mental wie etwa in Deutschland 1918 oder in der Fortführung von (terroristischen) Kampfhandlungen wie aktuell im Irak oder in Afghanistan, finden wir eine Situation vor, die das klassische Schema von Sieg und Niederlage unterläuft. Offensichtlich ist es heute schwieriger geworden »zu siegen«, ja, es ist praktisch unmöglich, da wir in eine Phase der Kriegführung eingetreten sind, in der die verfeindeten Parteien in der Regel nach einer Niederlage nicht untergehen, sondern militärische, zumindest aber soziale oder politische Akteure bleiben. Kriege oder bewaffnete Auseinandersetzungen entscheiden immer seltener über Konflikte, es kämpfen in der Regel auch keine Staaten mit definierten Interessen und Kriegszielen mehr gegeneinander. Aber, wir greifen hier auf ein Stadium der Kriegsgeschichte vor, das das 21. Jahrhundert definiert, das aber bereits nach 1945 deutlich sichtbar wird: Demokratische Staaten, seien sie waffentechnisch, ökonomisch und politisch noch so überlegen, sind nicht mehr in der Lage, gegen einen entschlossenen Gegner zu siegen.

Alle oben beschriebenen Schlachten stehen historisch für unterschiedliche Dispositive[1] des Krieges: das Römische Imperium mit den am besten ausgebildeten Soldaten der Antike, Zenturionen an der Spitze einer Hundertschaft Legionäre, eiserne Schwerter und Speere als Hauptwaffen; die mittelalterliche Kriegführung mit ihrem komplizierten Lehenssystem, Söldnern, Bogenschützen und schwer gepanzerten Reitern (Ritter); die religiös konnotierte Auseinandersetzung zwischen Christentum und Islam, die Militärsklavenkaste der Janitscharen und das Ende des oströmischen Reiches und schließlich der Zweite Weltkrieg als industrielle Produktionsschlacht ganzer Staatenallianzen, der zugleich als ein Vernichtungs- und Rassenkrieg »gegen Judentum und Bolschewismus« von Seiten des NS-Systems geführt wurde.

Die Geschichte des Krieges und seiner Führung ist insgesamt als Teil der allgemeinen Kulturgeschichte zu schreiben. Die unterschiedlichen Formen der Kriegführung, die eingesetzten technischen Mittel, die strategischen und logistischen Überlegungen, die Führungsprinzipien, das Verhältnis von Kombattanten und Zivilpersonen und die jeweilige Vorstellung vom Siegen sind nur auf dem Hintergrund der sozialen, religiösen und ökonomischen Organisation der Gesellschaften verständlich. Hat der Krieg, mit den Worten von Clausewitz, »seine eigene Grammatik, aber nicht seine eigene Logik«, so kann er niemals »vom politischen Verkehr getrennt werden.«[2]

Die berühmte Definition des Krieges bei Clausewitz als »Fortsetzung der Politik mit anderen Mitteln« ist in ihrer Verallgemeinerung aber in sich unzulänglich. Sie setzt umstandslos die Existenz von Staaten und Staatsinteressen voraus, eine Bedingung, die historisch erst zu einem späten Zeitpunkt der menschlichen Geschichte auftritt. Der Krieg, oder sagen wir zunächst: Kriegerische Handlungen, sind viel älter als der Staat. In diesem Zusammenhang stellt sich die schwer zu beantwortende Frage, was Krieg denn eigentlich genau definiert, insbesondere in Abgrenzung gegen andere Formen der Gewalt (etwa Fehden, Terror, Bürgerkrieg etc.). Für den amerikanischen Evolutionsbiologen Jared Diamond sind es drei Elemente, die Gewalt als Krieg definieren:

- Erstens geht die Gewalt nicht von Einzelpersonen aus (wie etwa bei Mord), sondern von Gruppen; es handelt sich also um organisierte Gewalt.

- Zweitens finden die Gewalthandlungen zwischen Gruppen unterschiedlicher politischer Gebilde statt; eine Clan- oder Familienfehde ist in diesem Sinne kein Krieg.

---

1 Dispositiv meint hier ein heterogenes Ensemble unterschiedlichster Elemente, das die Gesamtheit einer historischen Formation, hier bezogen auf die Kriegführung, miteinander verbindet.
2 Clausewitz: *Vom Kriege*, S. 675.

- Drittens muss die Gewalt von der politischen Einheit gut geheißen werden, auch wenn sie nur von einigen Mitgliedern der Gruppe ausgeübt wird (mentale Unterstützung oder zumindest eine Art Einverständnis).[3]

Damit lässt sich als kleinster gemeinsamer Nenner festhalten, obwohl sicher nicht in jedem Fall eine eindeutige Trennung möglich ist: »Krieg ist die immer wiederkehrende Gewalt zwischen Gruppen, die zu konkurrierenden politischen Einheiten gehören, wobei die Gewalt von diesen Einheiten gutgeheißen wird.«[4] Wenn wir diese Definition des Krieges akzeptieren, dann ist der Krieg so alt wie die Menschheit.

Vier Jahre nach dem Ende des Zweiten Weltkrieges veröffentlichte der Anthropologe und Soziologe Harry Turney-High eine umfangreiche Studie mit dem Titel »*Primitive War: Its Practices and Concepts.*«[5] Sein Buch war bei Erscheinen ein Skandal, brach es doch mit der bis dahin vorherrschenden Überzeugung, dass die von Anthropologen wie Margaret Mead untersuchten Völker friedfertige, Geschenke austauschende und Mythen erzählende Pazifisten waren. Hobbes düstere Ansichten kamen der Wahrheit der menschlichen Gattung näher als Rousseaus »edle Wilde«, und die Archäologie im Verbund mit der Feldforschung lieferte nach 1960 dafür immer mehr Beweise.

Es gab selbstverständlich auch nach Turney-Highs bahnbrechender Untersuchung keine Einigkeit darüber, wie Krieg zu erklären ist, aber zumindest bekam man über den Kontakt mit weitgehend von den Auswirkungen moderner Zivilisation unberührten Völkern, etwa in Papua-Neuguinea oder dem brasilianischen Dschungel, Einsichten in die Art und Weise, wie Gruppen längst vergangener Zeiten mit einfachen Waffen gegeneinander kämpfen.[6]

Für Turney-High blieben alle Gesellschaften, die er als primitive benannte, »unterhalb des militärischen Horizonts.« Erst wenn eine Gesellschaft (Horden, Stämme) die traditionelle Kriegführung verlasse, nennen wir sie tribalistisch, könne man, so Turney-High, von so etwas wie einem staatsähnlichen Gebilde sprechen. Entscheidend für ihn waren dabei das Vorhandensein von stehenden Heeren und

»Offizieren«, also eine zentral koordinierte und funktionsteilige Form der Kriegführung. Tribale Krieger absolvieren weder ein Gruppentraining, das die Ausführung komplizierter Angriffe ermöglicht, noch koordinieren sie etwa ihre Schüsse, um die tödliche Wirkung zu erhöhen. All das können nur geschulte Truppen mit zentraler Führung und einem geregelten Ausbildungsprogramm.

Ähnlich wie Carl von Clausewitz vertritt Turney-High die Auffassung, dass der militärische Rang einer Gesellschaft sich daran misst, ob sie mit ihrer Kriegführung einen Sieg anstrebt oder nur begrenzten Absichten (Gefangene für Opferrituale, rituelle Feldzüge, Plünderungen, Zerstörung der Ressourcen des Gegners) folgt.[7] Gebietseroberungen und Entwaffnung des Feindes sind etwa keine primären Kriegsziele für die Kämpfer Papua-Neuguineas oder der Yanomamis im Dschungel Südamerikas. Ein »wirklicher Sieg« wie in den in Kapitel 1 beschriebenen Beispielen und die nachfolgenden symbolischen Handlungen waren nicht Zweck ihrer Kriegführung: Rache für Demütigungen, Frauenraub, der Raub von Tieren und rituelle Gründe (etwa: Aufnahme neuer Männer in den Kriegerstand) bestimmten ihre Überfälle auf andere Dörfer und Stämme, die durchaus blutige Opfer kosteten.

3   Vgl. Jared Diamond: *Vermächtnis. Was wir von traditionellen Gesellschaften lernen können*, Frankfurt a. M., 2013, S. 156. Der dritte Punkt, wir kommen im Kapitel »Mentalitäten« darauf zurück, ist für die westlichen Gesellschaften der entscheidende geworden.
4   Ebd., S. 157.
5   Harry Holbert Turney-High: *Primitive War. Its Practices and Concepts*, South Carolina 1991.
6   Eine detaillierte Schilderung des Krieges der Dani, einem steinzeitlichen Bergvolk in Papua-Neuguinea, das bis weit ins 20. Jahrhundert weitgehend unbeeinflusst von der Außenwelt lebte, gibt Diamond: *Vermächtnis*, S. 142–154.
7   Turney-High verabsolutiert hier die Entscheidungsschlacht und den Vernichtungskrieg. Den Gegner langsam zu zermürben und wenn nötig, der Schlacht aus dem Wege zu gehen, war eine altbekannte Kriegsform, die insbesondere Hans Delbrück in seiner *Geschichte der Kriegskunst* als Ermattungsstrategie beschrieben hat. Unter Berufung auf Clausewitz kam Delbrück in seiner *Geschichte der Kriegskunst* zu zwei unterschiedlichen Strategien der Kriegführung: einmal der Niederwerfungs- oder Vernichtungsstrategie und zum anderen dem, was er Ermattungs- oder Zermürbungsstrategie nannte. Der 30jährige Krieg, aber auch der erste Weltkrieg sind klassische Beispiele für Ermattungskriege. Vgl. dazu Alexander Meschnig: *Der Wille zur Bewegung. Militärischer Traum und totalitäres Programm. Vom Ersten Weltkrieg zum Nationalsozialismus*, Bielefeld 2008, Kap. 1.5.

Doch warum führen traditionelle Stämme bzw. Horden Kriege gegeneinander? In der anthropologischen, ethnologischen und soziologischen Forschung lassen sich vereinfacht drei Erklärungsansätze finden, die auch für eine Analyse »moderner Kriege« hilfreich sein können:

1. Eine kulturelle Theorie, derzufolge Krieg mit Normen und Werten in einer Kultur zusammenhängen, die Gewalt honorieren und so den sozialen Status des Kriegers erhöhen.

2. Eine ökonomische Theorie, in der der Krieg aus dem Kampf um knappe Ressourcen (Weideflächen, Wasser, Nahrung etc.) folgt.

3. Eine mehr politische Theorie, die das Fehlen einer Zentralmacht, die das Gewaltmonopol besitzt, in den Mittelpunkt stellt und die die hobbessche Auffassung teilt, dass vor der Entstehung des Staates ein Kampf aller gegen alle herrscht.

Alle drei Ansätze liefern wichtige Erkenntnisse für die unterschiedlichen Motive und Weisen der Kriegführung als auch für die Entstehung erster Stadtstaaten bis hin zum modernen Leviathan. Wir wollen im Weiteren den entscheidenden historischen Sprung zur Herausbildung staatlicher Strukturen genauer betrachten und die mit ihr einhergehende Entwicklung der Kriegführung.

SESSHAFTE GEGEN NOMADEN

Für das Entstehen staatsähnlicher Reiche ist das Sesshaftwerden des Menschen das entscheidende Element. Die aus dem Ackerbau resultierende höhere Bevölkerungsdichte auf kleinem Raum führte zu einem Effekt, den der Soziologe Michael Mann »Caging« nennt und der dazu zwang, größere Gesellschaften nach neuen Prinzipien zu organisieren.[8]

Jäger und Sammler bewegen sich in weiten Territorien, Hirtenvölker haben riesige Weideflächen, brauchen Wasserstellen und verwenden

mobile Güter (Tiere, Zelte etc.). Im Gegensatz dazu besitzen Acker-
bauern Land, aus dem sie über Arbeit regelmäßige Erträge generieren
und ein Mehrprodukt erzeugen. Die Sesshaftigkeit bringt immobilen
Besitz und einen Vorrat hervor, der gegen Eindringlinge zu schützen
ist. Die Bauweise der ältesten Städte mit Mauern, Gräben und Türmen
zeigt, dass der Schutz des mühsam Erarbeiteten oberste Priorität hatte.
Nur eine Zentralmacht, eine Art staatsähnliches Gebilde, war in der
Lage, so viele Ressourcen zur Verfügung zu stellen, um eine starke
Befestigungsanlage gegen Invasoren zu errichten.

Geografisch bot zwischen 4000 und 3000 v. Chr. nur ein Landstrich
auf der Erde hohe landwirtschaftliche Erträge und daraus resultierende
Überschüsse: die Schwemmlandebene von Euphrat und Tigris. Nicht
zufällig entstanden hier mit den Sumerern der erste Stadtstaat und
die Umrisse dessen, was Turney-High den »zivilisierten Krieg« nennt.
Die Sumerer, theokratisch regiert, entwickelten um ca. 3000 v. Chr. die
erste Schrift. Sie war eine wichtige Voraussetzung für die detaillierte
Organisation der Bewässerung, der Aufteilung von Überschüssen,
genauen Verzeichnissen über Mengenangaben und Handelsgüter.
Zeitgleich entwickelten sich am Nil und Indus ebenfalls auf
Bewässerungsanbau gegründete Gesellschaften. Sie besaßen früh
»professionelle Heere«, die zum Schutz vor und zur Eroberung an-
grenzender Stämme und Völker eigens geschult und abgestellt wurden.
Die organisatorisch und quantitativ überlegenen Sieger »schluckten«
die militärisch Unterlegenen der angrenzenden Länder und die Größe
der Reiche und ihr Einfluss nahmen so stetig zu. Territoriale Ausdehnung und Befriedung an den Rändern ihrer Herrschaftsgebiete definierten im Wesentlichen die Kriegsziele der altorientalischen Machthaber und agrarischen Gesellschaften.

Historisch kann man das Aufkommen der ersten großen altorientalischen Reiche (Sumerer, Ägypter, Babylonier) mit dem
Beginn der »modernen« Kriegführung verknüpfen. Es entstand eine
eigene, speziell für den Krieg ausgebildete Organisation, von einer

---

8 Michael Mann: *The Sources of Social Power. A History of Power from the Beginning to AD 1760*
(Band 1), Cambridge 1986.

Zentralmacht finanziert, die der Machtausdehnung und der Abwehr räuberischer Nomaden oder feindlicher Seevölker diente. Das entscheidende Moment war dabei, neben dem Entstehen größerer territorialer Gebilde und verbesserter Waffentechnik, eine »Erfindung«, die materiell nicht nachweisbar ist, die aber die größte militärische Revolution bedeutete: die Kunst der *Disziplin*, d.h. die Fähigkeit des Soldaten, im Angesicht des Feindes nicht wegzulaufen, sondern standzuhalten und Befehlen zu folgen.[9]

Die Gefahr für die frühesten Reiche, trotz ihrer zunehmenden militärischen Überlegenheit durch angehäufte Ressourcen, kam aus den angrenzenden Steppen, wo sesshafte und nomadische Gesellschaften an den Rändern der Reiche aufeinander trafen. Die Differenz moderner Staaten und der alten Reiche besteht darin, dass souveräne Staaten eine von allen anerkannte Grenze haben und zentrale Befehle durch das Gewaltmonopol des Staates jederzeit durchsetzbar sind. In den alten Reichen nimmt die Herrschaft zur Peripherie hin immer mehr ab. Krieg und Frieden sind hier ununterscheidbar. Gewalt, Aufruhr und Umsturz sind stetige Begleiter an ihren Rändern. Eigens abgestellte Teile der Armeen sind deshalb laufend damit beschäftigt, die Peripherie zu befrieden.

Schon sehr früh gab es etwas, das heute unter dem Begriff des asymmetrischen Krieges gefasst wird: räuberische Invasoren tauchten aus dem Nichts auf, plünderten Städte und Dörfer und verschwanden danach wieder in der Weite der Steppe. Offene Feldschlachten und verlustreiche Konfrontationen wurden von ihnen vermieden. Ein Sieg in unserem Sinne (vgl. Kapitel 1) war jenseits ihres militärischen Horizonts, allein deshalb, da die mobilen Angreifer keine Verwendung für Land oder Produktionsstätten hatten.

Nach dem Ende des vorchristlichen 2. Jahrtausends ließ eine militärische Innovation die großen Reiche erschüttern: der Streitwagen. Die Züchtung von Pferden, die stark genug waren, einen Streitwagen zu ziehen, hatte auf die Kriegführung in etwa denselben Effekt wie das Erscheinen des Panzers auf den Schlachtfeldern des 20. Jahrhunderts. Die Streitwagenvölker der asiatischen Steppen brachen in die reichen Zivilisationen Mesopotamiens, Ägyptens und ins Industal ein, eroberten Städte und gründeten zum Teil eigene Reiche. Es war vor allem die Geschwindigkeit des Streitwagens, dem kein Gegner gewachsen war und der erstmals ausgedehnte Kriegszüge erlaubte. So besaßen die Assyrer eine Armee, die 500 Kilometer weit von ihrem Kernland entfernt operieren konnte. Nachschublager, Truppenorte und Transportkolonnen waren früh logistische Elemente einer beweglichen Kriegführung. Die Hirtenvölker der Steppen vereinten drei Vorteile gegenüber den sesshaften Kulturen: die Geschwindigkeit ihrer Angriffe, den Kompositbogen und die kulturelle Bereitschaft zu töten, eine Fähigkeit, die sie von Kindheit an im Umgang mit ihren Tieren erlangten.

Schließlich wurde ein Element des Streitwagens zum alleinigen Bestandteil der Kriegführung: das Pferd. Nachdem es gelungen war, Pferde zu züchten, die kräftig genug waren, sie von vorne zu reiten, wurde der Streitwagen vom Streitross abgelöst. Lange Zeit blieben die Reiternomaden der Steppe, geografisch der einzige Raum, in dem Pferde massenhaft Nahrung finden, eine immer wiederkehrende Gefahr für die sesshaften Kulturen Europas und Asiens. Hunnen, Mongolen, Türken und Araber sind dabei nur die bekanntesten, wobei es den beiden letzteren gelang, stabile Reiche zu bilden.

Im Unterschied zu der in Kapitel 1 gemachten Beobachtung, dass die Besiegten in der Regel von den Siegern lernen und ihre kulturellen Ausprägungen annehmen und sich einverleiben, geht aber der barbarische Sieger in fast allen Fällen langsam in der Verliererkultur auf:

»Tatsächlich jedoch gehen in der Regel nicht die eroberten Hochkulturen unter, sondern die Eroberer in ihnen auf. Die Dorer im mykenischen und die Makedonier im klassischen Hellas; die Germanen im Römischen Reich; die Mongolen in China; die Araber in Persien. Zu schwach, dem Ansturm der Barbaren militärisch Widerstand

---

9   Diese Form der Disziplin ist aber noch weit entfernt von der Todesverachtung, die den mit dem Aufstieg des Industriezeitalters disziplinierten und gedrillten Soldaten kennzeichnet. Ein schönes Beispiel für diese Disziplin gibt der von Stanley Kubrick produzierte Film *Barry Lyndon*, der exemplarisch die Kriegführung westlicher Staaten im 18. Jahrhundert, hier den Siebenjährigen Krieg (1756–1763), zeigt, in dem Soldaten ohne Deckung gegenseitig auf kurze Entfernung aufeinander Salven schießen.

zu leisten, beweisen die Hochkulturen genügend zivilisatorische Ver-
führungs- und Integrationskraft, die Eroberer zu absorbieren.«[10]

DAS PRINZIP DER ENTSCHEIDUNG

Jeder Sieg setzt eine Entscheidung voraus. Wie gesehen, zielte die
Taktik der von Turney-High so genannten »*Primitive Warfare*« nicht
auf eine endgültige Unterwerfung des Gegners, sondern auf kurze Vorstöße, Zerstörungen, Plünderungen und Rückzüge, wenn der Feind
in Überzahl auftrat. John Keegan, einer der bedeutendste Militär-
wissenschaftler im 20. Jahrhundert, kommt in seiner Studie *Die Kultur
des Krieges* zum Schluss, dass es eine, wenn zwar nicht in jedem Fall
eindeutige, aber relativ klare Grenzlinie zwischen dem, was er die
westliche Kriegführung nennt und der Kampftradition der östlichen
Steppenvölker gibt. Während die westliche Kultur auf dem aggressiven
Zusammenstoß und der Aufgabe der Vorsicht basiert, ist für die
Steppenvölker des Nahen und Mittleren Ostens eine indirekte, aus-
weichende und zurückhaltende Taktik charakteristisch. Es ist mehr
als bezeichnend, dass die Partisanentheorie Mao Tse-tungs genau auf
dieser verschleppenden und lang hinhaltenden Taktik beruht. Ein
ferner Rest der kulturellen Traditionen der asiatischen Reiterheere
zeigt sich hier im 20. Jahrhundert. Regulären Truppen organisatorisch
und waffentechnisch unterlegen, versucht der Partisan zunächst,
seine Niederlage zu vermeiden, gemäß der These Raymond Arons,
dass die Partisanen, wenn sie nicht militärisch verlieren, den Krieg
politisch gewinnen.[11]

Der Militärhistoriker Victor David Hanson kommt anhand einer
detaillierten Analyse der Kämpfe zwischen Persern und Griechen zu
der Auffassung, dass die Idee der Entscheidung eine genuin westliche
ist. Für Hanson erklärt diese Idee letztendlich die Überlegenheit der
europäischen Truppen über alle anderen Kriegerkulturen:

»Yet for the past 2,500 years – even in the Dark Ages, well before
the ›Military Revolution,‹ and not simply as a result of the Renaissance,
the European discovery of the Americas, or the Industrial Revolution – there has been a peculiar practice of Western warfare, a common

foundation and continual way of fighting, that has made Europeans the most deadly soldiers in the history of civilization.«[12]

Für Hanson war der erste unmittelbare Zusammenstoß zwischen einer griechischen Hoplitenphalanx und den in der Kampftradition des Vorderen Orient ausgebildeten Soldaten des Perserreiches in der Ebene von Marathon (490 v. Chr.) das exemplarische Beispiel für zwei unterschiedliche Formen der Kriegführung. Für die persischen Heere war die Kampftaktik der Spartaner eine unerklärliche und unheimliche Situation. Einen Gegner, der offensichtlich dem Wahnsinn verfallen war, indem er jegliche natürliche Vorsicht aufgab und direkt auf seinen Feind losging, konnten die persischen Heere einfach nicht begreifen. Die Phalanx, das Wort bedeutet eigentlich Walze, aber auch Glied oder Gelenk, wurde aus freien Bürgern gebildet, die sich im Kampf gegenseitig sicherten und abdeckten und war als »taktischer Körper« den Streitkräften der Perser weit überlegen. Es war ein Kampf Gleicher unter Gleichen, indem jede Position sofort durch einen Nachrückenden ausgefüllt werden konnte, ein möglichst kurz dauernder Zusammenstoß, der auf eine rasche Entscheidung zielte.

Die Niederlage der Perser, die mit einem ungleich größeren Heer in die Schlacht bei Marathon gingen, beruhte im Wesentlichen auf verschiedenen kulturellen Traditionen des Kampfes. Im Laufe der Geschichte gab es immer wieder die Begegnung zweier Kontrahenten, in der die Überlegenheit der einen Seite nicht einfach mit der Zahl der Soldaten und dem Stand der Bewaffnung erklärt werden kann. Das vielleicht extremste Beispiel des Aufeinandertreffens zweier unterschiedlicher Formen der Kriegführung ist die Anfang des 16. Jahrhunderts erfolgreiche Eroberung Mexikos durch spanische Konquistadoren unter Hernando Cortez. Dass es einigen 100 Spaniern gelang, mithilfe einheimischer Truppen aztekische Heere von 20.000 Mann zu schlagen, kann, trotz des waffentechnologischen Vorsprungs der Europäer, nur mit einer ganz anderen Auffassung vom Sinn

10 Schivelbusch: *Kultur der Niederlage*, S. 31.
11 Vgl. Raymond Aron: *Clausewitz. Den Krieg denken*, Frankfurt a. M. 1963, S. 47 ff.
12 Victor D. Hanson: *Carnage and Culture. Landmark Battles in the Rise of Western Power*, New York 2002, S. 5.

und Zweck des Krieges erklärt werden. Während die Spanier einen Eroberungsfeldzug im Namen der katholischen Kirche und ihrer weltlichen Herrscher in Mittelamerika begannen, führten die Azteken Krieg, um Gefangene für ihre Opferrituale zu gewinnen. Die restlose Vernichtung einer gegnerischen Streitkraft war jenseits ihres militärischen Horizonts und es ist bezeichnend, dass sie nicht in der Lage waren, ihre Kriegführung zu ändern, als sie auf einen ganz neuartigen Gegner stießen. Dazu kam, dass in der aztekischen Götterwelt die weißen Spanier zunächst als übernatürliche Wesen betrachtet wurden, die nicht zu besiegen waren.

Der britische Althistoriker Ian Morris weist entgegen den Auffassungen von Hanson und Keegan in seinem Buch mit dem provokanten Titel *Krieg. Wozu er gut ist* die eindeutige Unterscheidung von westlicher und nichtwestlicher Kriegführung zurück. Für ihn steht vielmehr die Auseinandersetzung von Agrarreichen (Sesshaften) und Nomaden im Mittelpunkt der Menschheitsgeschichte und ein Konzept, das er »produktive Kriegführung« nennt. Damit sind Kriege gemeint, die auf längere Sicht eine allgemeine Verbesserung der Lebensbedingungen mit sich brachten, da sie große staatsähnliche Gebilde formten und dadurch mehr Sicherheit, weniger Tote durch Gewalt und eine höhere Produktivität erreichten.[13] Für Morris oszilliert die Kriegführung ständig zwischen, wie er sie nennt, produktiven und unproduktiven Stadien:

»Auf jeden produktiven Krieg, der eine größere, sicherere und wohlhabendere Gesellschaft entstehen ließ, folgte ein kontraproduktiver, der diese wieder zu Fall brachte. Leviathane verloren ihren Biss, der Tod durch Gewalt war wieder auf dem Vormarsch, und der Wohlstand bröckelte.«[14]

Die militärischen Entwicklungen seit den Anfängen der Sesshaftwerdung: der Bau von Befestigungsanlagen, Bronzewaffen, Rüstungen, Disziplin, die Fähigkeit aus Eisen widerstandsfähige Schwerter zu machen und Soldaten permanent und geregelt auszubilden, hatte den entstehenden Reichen Werkzeuge in die Hand gegeben, um Nachbarn an den Rändern zu unterwerfen und Konflikte im Inneren zu befrieden. Erst die großen Reitervölker der Steppe setzten die frühen Reiche unter gewaltigen Druck. Bis zu ihrem historischen Auftauchen gab es, in der Terminologie von Morris, eine lange Zeit produktiver Kriege. Es herrschten die König- und Kaiserreiche im östlichen Mittelmeerraum, Griechen und Römer mit ihren zivilisatorischen Fortschritten in Mathematik, Philosophie, Medizin und ihren disziplinierten Legionen und Armeen:

»Zwischen 200 und 1400 n. Chr. jedoch war das nicht mehr der Fall. Die Macht der Steppenvölker war zu groß geworden. Der eine oder andere König mochte vielleicht die Kräfte des Chaos zurückschlagen, niemand aber konnte die Steppenwanderungen dauerhaft aufhalten.«[15]

Erst mit der Erfindung des Schießpulvers besaßen die sich entwickelnden Staaten Europas mit ihrer sesshaften Bevölkerung dann wieder einen technologischen Vorteil, der entscheidende Auswirkungen auf die militärische Taktik und Strategie hatte und die ganze Gesellschaft transformierte. Die Erfindung und Verwendung von Schießpulver veränderte nicht nur die Kriegführung entscheidend, sondern revolutionierte die alte soziale Ordnung.[16]

FEUDALISMUS UND FEUERWAFFE

Mit der Einführung der Feuerwaffen beginnt der langsame und sich stets beschleunigende Untergang der jahrhundertealten Kriegerkaste Europas. Das Gemisch aus Schwefel, pulverisierter Holzkohle und Salpeter war in China bereits im 11. Jahrhundert bekannt, wurde aber bis zum Ende des 13. Jahrhunderts nicht zu Kriegszwecken verwendet. Anfang des 14. Jahrhunderts werden in Europa aber bereits Kanonen gebaut, die Zerstörungen von bis dato uneinnehmbaren Burgen ermöglichten. Zwar reagierten die Festungsbauer, unter ihnen so bekannte Männer wie Leonardo da Vinci oder Michelangelo, mit

---

13 Ian Morris: *Krieg. Wozu er gut ist*, Frankfurt a.M. 2013, S. 409: »Die Antwort auf die Frage: *Wozu Krieg?* ist paradox und schrecklich zugleich. Krieg hat die Menschheit sicherer und wohlhabender gemacht, aber nur um den Preis des Massenmords.«
14 Morris: *Krieg*, S. 407.
15 Ebd., S. 166.
16 Die nachfolgenden Ausführungen finden sich zum Teil in Meschnig: *Der Wille zur Bewegung*.

neuen architektonischen Entwürfen rasch auf die verstärkte Feuerkraft, doch mit der Verbreitung des Schießpulvers in der abendländischen Welt geriet die gesamte soziale Organisation West- und Mitteleuropas in eine Krise.

Mitte des 15. Jahrhunderts experimentierten europäische Soldaten erstmals mit Handfeuerwaffen. Nun konnte jeder einfache Bauer, der zum Soldaten rekrutiert wurde, einen jahrelang geschulten Ritter töten. Die mittelalterliche Elite wehrte sich verständlicherweise lange gegen die Einführung der neuen Waffen. Den ersten Musketenschützen wurden noch von erbitterten Feinden die Hände abgehackt, so feige und mutlos empfand man ihr Erscheinen auf dem Schlacht-feld. Der Einfluss des ritterlichen Ideals prägte bis zur Erfindung des Schießpulvers bei den Kampfregeln und Schlachtordnungen an-gefangen, bis in die Sphäre des politischen Verkehrs über einen langen Zeitraum die Kriegführung. Im ritterlichen Code kann man den erfolgreichen Versuch sehen, der alltäglichen feudalen Gewalt Regeln und Formen zu geben. Aus heutiger Sicht führte das zu absurden Konsequenzen:

»Der militärische Formalismus erhält zu jener Zeit den Wert eines religiösen Absoluten. Es kommt häufig vor, dass man sich töten lässt, um Konventionen von einer wundersamen Extravaganz Genüge zu leisten. (...) Ebenso werden strategische Notwendigkeiten solchen der Ästhetik oder der höfischen Ehre geopfert.«[17]

Das Feudalsystem löste sich in Westeuropa aber bereits im 13. Jahrhundert allmählich auf, die Herrscher mussten immer mehr auf Söldnerverbände zurückgreifen, da die Lehensverpflichtungen so verwickelt und undurchschaubar geworden waren, dass mit einer ver-lässlichen Armee und der Einhaltung der Kriegsdienstpflicht durch die Vasallen nicht mehr zu rechnen war. Das Lehnsheer bestand aus einer Einschachtelung von Vasallentum, halb gesetzlicher Pflicht und halb freiwilligen Bündnissen. Das Fehlen einer Zentralgewalt definiert die Feudalgesellschaft als eine Ansammlung unterschiedlichster Souveräne, die alle mehr oder weniger ihren eigenen Vorteil suchten:

»Feudalität bedeutet Zerlegung der höchsten, souveränen Gewalt in mehrere Stufen, die jede für sich eine gewisse Selbständigkeit haben und nach eigenem Ermessen, nicht nach vorgeschriebenem kontrollierbarem Maß für den Staatszweck zusammenwirken.«[18]

An die Stelle der disziplinierten Legionen des Altertums, wie etwa dem römischen Heer, war im Mittelalter ein Kriegertum getreten, das auf der persönlichen Tapferkeit und Tüchtigkeit des Einzelnen beruhte. »Es ist für den Ritter nicht genug, dass das Heer siege, er will und muss auch persönlich seinen Anteil am Siege haben; denn die persönliche Auszeichnung ist die Idee, in der er lebt, die der Disziplinierung widerstrebt und ihn zum Einzelkämpfer macht.«[19]

Der entscheidende Unterschied zu einer griechischen Phalanx oder römischen Legion besteht darin, dass die mittelalterlichen Ritter und Fußsoldaten keinen »taktischen Körper« bilden, also die Krieger nicht unter einem einheitlichen Willen zusammengefasst sind. Die großen und die kleinen Monarchien des Mittelalters führten ihre Kriege mit Lehnsheeren, deren Disziplin und Verlässlichkeit stets schwankte. Die Feldzüge waren in den meisten Fällen auf eine kurze Zeit beschränkt, alles was nicht direkt ausführbar war, wurde in der Regel aufgegeben. So scheiterten etwa Belagerungen von Burgen oder Festungen vor der Einführung der Kanone in praktisch fast allen Fällen. Der Zweck des Krieges bestand in der Züchtigung, nicht im Niederwerfen oder dem endgültigen Sieg über den Feind, der auch praktisch kaum erreichbar war. Man stahl die Herden des Gegners, vergiftete sein Wasser, plünderte die feindlichen Dörfer, vernichtete die Ernte, verbrannte Häuser und Burgen und zog wieder nach Hause. Große oder entscheidende Schlachten, wie etwa die bei Hastings, waren im Mittelalter selten, da sie nur dann möglich waren, wenn der Gegner sie auch wollte und sich stark genug fühlte, die Konfrontation zu suchen. Es fehlten oft auch Mittel und Truppen für eine längere Annexion des feindlichen Gebietes, Plünderungen und Disziplinlosigkeiten der Soldaten standen einer »effizienten Verwaltung des Sieges« entgegen. Im Wesentlichen ging es um die Zermürbung des Gegners, darum, seinen Willen zu brechen, eine Absicht, die der preußische Historiker Hans Delbrück

17 Denis de Rougemont: *Die Liebe und das Abendland*, Zürich 1987 (Orig. 1939), S. 292.
18 Delbrück: *Die Geschichte der Kriegskunst*, S. 109.
19 Ebd., S. 343.

in seiner monumentalen vierbändigen *Geschichte der Kriegskunst* als Ermattungsstrategie beschrieben hat und die den klassischen Siegbegriff unterläuft. Der Erste Weltkrieg ist dafür ein aufschlussreiches Beispiel (vgl. Exkurs 1).

Aus dem Lehenskriegertum, das mit der Naturalwirtschaft korrespondiert, entwickelte sich ein Söldnertum, das mit der Entstehung der Geldwirtschaft in engem Zusammenhang steht. Aus Lehnsheeren wurden bezahlte Söldnerhaufen. Die Condotta ist zunächst nichts anderes als ein Vertrag zwischen einem Herrscher oder Fürsten mit einem Kriegsunternehmer (Condottieri). Dieser wird für eine bestimmte Zeit für einen bestimmten Feldzug mit einer festgelegten Zahl von Kriegern und einer fixen Summe Geld angemietet. Die Naturalwirtschaft verwandelt sich hier in Geldwirtschaft. Nicht zufällig sieht Karl Marx im Söldnerwesen eine Vorform der Lohnarbeit und ein frühes Element in der Entstehung des Kapitalismus. Die Logik der Condotta für die Kriegführung war den kritischen zeitgenössischen Autoren aber schnell klar: die Condottieri versuchten, möglichst wenig zu riskieren, um ihre Truppen zu erhalten. Ihre Kriegsführung war mehr Manöver als Schlacht, ihre Kampfkraft enttäuschend. Einer der schärfsten Kritiker des Systems der Condottieri, Niccolo Machiavelli, beschreibt seine Logik in plastischen Worten:

»Ein Herrscher, der sich auf Söldner stützt, wird niemals auf festem Boden stehen und sicher sein, denn Söldner sind uneinig, machtgierig, ohne Disziplin und treulos, überheblich gegenüber den Freunden, feig vor dem Feind, ohne Furcht vor Gott, ohne Redlichkeit gegen Menschen (...). Im Frieden wird das Land von ihnen ausgeplündert. Im Krieg vom Feind. (...) Sie wollen deine Soldaten sein, solange du keinen Krieg führst; doch wenn wirklich Krieg kommt, so werden sie fahnenflüchtig oder ziehen ab.«[20]

Der Krieg diente im Wesentlichen privater Bereicherung. Erwerbsarbeit und Krieg waren noch nicht getrennt, eine Vermischung, die wir auch heute in den »Neuen Kriegen«, etwa in Gestalt von Warlords, wieder finden können. Die Condottiere erlitten aber, wenn es zu Konfrontationen kam, in der Regel verheerende Niederlagen und waren den Verbänden der gut geschulten Fußsoldaten, die auch die gepanzerten Reiter mehr und mehr obsolet machten, weit unterlegen. Hans Delbrück kommt in seiner Untersuchung der abendländischen Kriegsgeschichte denn auch zum Schluss, dass die mittelalterliche Kriegführung durch die Schweizer Gevierthaufen, eine taktische Formation, die von Berittenen nicht zu zerstören war, ein Ende findet. Seine Originalität besteht darin, nicht unmittelbar die Feuerwaffe mit dem Untergang der Ritterheere gleichzusetzen, sondern den Grund dafür in einem neuen taktischen Körper zu sehen, der die Kriegführung von Grund auf änderte.

NATIONALSTAAT UND KABINETTSKRIEG

Nach ca. 1450 war die Führung von Kriegen in Europa eng mit der Entstehung der Nationalstaaten verbunden. Bis zum späten 18. Jahrhundert kommt es zu einer Zentralisierung politischer und militärischer Autorität, begleitet von staatlicher Besteuerung und bürokratischer Kontrolle. Insbesondere für die großen *Seemächte* (Venedig, England) wurden finanzielle, logistische und administrative Aspekte der Kriegführung schon sehr früh zu entscheidenden Elementen.

Zwischen 1450 und der Französischen Revolution steht der Dreißigjährige Krieg als eine brutale Unterbrechung einer Entwicklung, die zu einer Art »Hegung des Krieges« (C. Schmitt) durch das Gewaltmonopol des Staates und weitgehend disziplinierter Armeen führte. Der Dreißigjährige Krieg erscheint als eine Art Rückfall in ein früheres, primitives Zeitalter. In der Realität bedeutete er nichts anderes als das Wiedererscheinen einer Kriegführung, die altbekannt war. Die Erschöpfung des Gegners, persönliche Bereicherung, Gewalt als Selbstzweck und nicht die militärische Entscheidung stehen in seinem Fortlauf im Mittelpunkt. Er endete mit der totalen Ermattung der Kontrahenten. In manchen Teilen Deutschlands waren über 50 Prozent der Bevölkerung massakriert, tot geschlagen, die Felder und Dörfer verwüstet. Trotz zahlreicher Schlachten brachten einzelne Siege keine

---

20 Zit. in Herfried Münkler: *Die Neuen Kriege*, Reinbek bei Hamburg 2002, S. 95.

Entscheidung in diesem Krieg. Zu verworren und undurchschaubar waren die Verflechtungen, ständig flossen neue Mittel und Truppen von außen zu. Charismatische Feldherren wie Wallenstein oder Gustav Adolf von Schweden fachten die Leidenschaft ihrer Soldaten bis zum Äußersten an. Mit Dauer des Krieges zielte seine Logik aber nur noch auf den Selbsterhalt der entfesselten Soldateska. Massaker und Übergriffe auf die Zivilbevölkerung waren an der Tagesordnung. Hier nur ein Bericht eines Augenzeugen nach der Eroberung Magdeburgs am 20. Mai 1631 durch die Truppen des belgischen Grafen Johann Tilly, der ab 1630 als oberster Heerführer der kaiserlichen Armee diente:

»Schauderhaft gräßlich, empörend war die Scene, welche sich jetzt der Menschlichkeit darstellte! Lebende, die unter den Leichen hervorkrochen, herumirrende Kinder, die mit herzzerschneidendem Geschrei ihre Eltern suchten, Säuglinge, die an den todten Brüsten ihrer Mütter saugten! Mehr als sechstausend Leichen mußte man in die Elbe werfen, um die Gassen zu räumen; eine ungleich größere Menge von Lebenden und Leichen hatte das Feuer verzehrt; die ganze Zahl der Getödteten wird auf dreißigtausend angegeben.«[21]

Das nach der europäischen Katastrophe des Dreißigjährigen Krieges im Friedensschluss von Münster und Osnabrück (1648) etablierte klassische Kriegsrecht war der Versuch, diese entfesselte Gewalt zu bändigen. In einem gemeinsamen Friedensvertrag sollte für die Zukunft, insbesondere bei eventuellen Kriegshandlungen, Vorsorge geleistet werden. Das multipolare System europäischer Großmächte als Machtgleichgewicht trug zu diesem Wunsch das seine bei. Ein ausbalanciertes Staatensystem, das in jedem Land ein stehendes Heer, eine funktionierende Verwaltung und eine auf der Staatsräson beruhende Politik voraussetzte, begrenzte – bis zu den napoleonischen Revolutionskriegen – die europäischen Auseinandersetzungen. Die Kriegshandlungen konzentrierten sich mehr und mehr in den Händen einer Zentralmacht, so dass de facto und de jure nur noch die Staatsmächte Kriege ausrufen und Mittel dafür bereitstellen konnten. Der Krieg *verstaatlichte* sich, die für den Feudalismus noch so typische alltägliche Gewalt wurde zum Monopol eines professionellen und technisch geschulten Militärapparates. Nicht mehr eine bestimmte Haltung und standesgemäße Zugehörigkeit definiert den Soldaten, sondern sein diszipliniertes Verhalten unter allen denkbaren Bedingungen.

Mit der Verstaatlichung des Krieges tritt die militärische Entscheidung, die Hauptschlacht bei Clausewitz, mehr und mehr in den Mittelpunkt. Die Entwicklung kostspieliger Waffen, vor allem schwerer Artillerie und der verbundene Einsatz der Waffen verteuerte die Kriegführung so weit, dass nur noch große und reiche Staaten in der Lage waren, die erforderlichen Mittel aufzubringen. Für Eroberungskriege, die feindliches Territorium besetzen, braucht man darüber hinaus disziplinierte Soldaten, da ansonsten nach einem Sieg stets der Zerfall der Truppe drohte, die sich durch Plünderungen und Beutemachen auf dem Schlachtfeld regelmäßig auflöste. Die Einführung der Uniform ist das vielleicht deutlichste Kennzeichen für die Verwandlung des heroischen Einzelkriegers in den disziplinierten Soldaten der Neuzeit.

Sieht man von der elementaren Grausamkeit der europäischen Kolonialkriege ab, so waren die Kriege der europäischen Staaten untereinander in der Zeit von 1648 bis zum Ausbruch der Französischen Revolution weit weniger verheerend als zuvor. Am Vorabend der Französischen Revolution war der Krieg, in den Worten von Clausewitz, »ein bloßes Geschäft der Regierungen«[22] geworden. »Man kannte ungefähr die Geldmittel, den Schatz, den Kredit seines Gegners; man kannte die Größe seines Heeres. Bedeutende Vermehrungen im Augenblick des Krieges waren nicht tunlich. Indem man so die Grenzen der feindlichen Kräfte übersah, wusste man sich vor einem gänzlichen Untergang ziemlich sicher und indem man die Beschränkung des eigenen fühlte, sah man sich auf ein mäßiges Ziel zurückgewiesen.«[23] Seiner Bedeutung nach war der Krieg »eine etwas verstärkte Form der Diplomatie, eine kräftigere Art zu unterhandeln.«[24]

Das klassische Zeitalter folgte, aus finanziellen und machtökonomischen Gründen, dem, was Carl Schmitt den gehegten und Carl

---

21 Friedrich von Schiller: *Geschichte des Dreißigjährigen Krieges*, abrufbar unter www.digbib.org, S. 67.
22 Clausewitz: *Vom Kriege*, S. 655.
23 Ebd., S. 656.
24 Ebd.

von Clausewitz den begrenzten (im Gegensatz zum absoluten) Krieg nennt. Neben der dominierenden und verbindlichen Theorie des klassischen Völkerrechts waren es die materiellen Bedingungen, die die Kampfhandlungen einschränkten. Die zur Verfügung stehenden Mittel der Kriegführung waren bescheiden, die Heere klein und kostenintensiv, die Marschleistungen der Armeen gering. Ein Heer war viel zu teuer, um es in riskanter Offensive aufs Spiel zu setzen. Schlachten waren selten und es galt geradezu als militärische Weisheit, ihnen aus dem Wege zu gehen oder sie doch zumindest auf ein Minimum zu beschränken. Den vorhandenen militärischen Mitteln entsprachen darüber hinaus begrenzte Kriege um begrenzte Ziele. Als Objekt des Angriffes galt die gegnerische Streitmacht, nicht – der Idee nach zumindest – das zivile Volk. All das änderte sich mit den Ideen von 1789. Der berühmte Aufruf an die levée en masse des Jahres 1793 wies jedem einzelnen Bürger der französischen Nation, egal ob Mann, Frau, Kind oder Greis, einen bestimmte Aufgabe bei der Kriegführung zu. Nicht mehr dynastischen Interessen, sondern der Verbreitung neuer Ideen dient der revolutionäre Krieg. Die patriotische Haltung der Soldaten und die allgemeine Mobilmachung im nationalstaatlichen Rahmen hatten einen Effekt auf die Kriegführung, der schon den Zeitgenossen, also auch Clausewitz, nicht entging:

»Nun hatten die Mittel, welche angewandt, die Anstrengungen, welche aufgeboten werden konnten, keine bestimmte Grenze mehr, die Energie, mit welcher der Krieg selbst geführt werden konnte, hatte kein Gegengewicht mehr.«[25]

Lange Zeit galten die revolutionären Armeen als unschlagbar, und es bedurfte einer gemeinsamen gesamteuropäischen Kraftanstrengung, Frankreich zu besiegen. Zwar gab es bereits in Ansätzen neue strategische Konzepte und Taktiken, veränderte Ideen auf dem Gebiet der Organisation und Versorgung, »was aber die Kriege nach der französischen Revolution und zur Zeit Napoleons I. im Besonderen charakterisiert, ist das Massenheer, das sich aus allen Volksschichten auf Grund der allgemeinen Dienstpflicht rekrutiert. (...) Außerdem wurden durch den Volkskrieg bis dahin unbekannte geistige und moralische Kräfte freigesetzt und der Kriegführung zugeführt.«[26]

DIE WELTKRIEGE

Neben der politischen Revolution war es die industrielle Revolution, die eine substantielle Wandlung der alten Traditionen der militärischen Welt einleitete. Halbautomatische Massen- und standardisierte Waffenproduktion der entstehenden Industriegesellschaften waren die Vorboten einer zunehmend auf ökonomischen Parametern basierenden Kriegführung. In einer ersten Phase waren es insbesondere Dampfschiff und Eisenbahn, die den Nachschub an Männern, Waffen und Verpflegung in großem Maßstab erweiterten. Der zügige Ausbau der Straßen und Verkehrswege war eng an die militärischen Aufmarschpläne der einzelnen Länder gekoppelt. Mitte des 19. Jahrhunderts verlegten Arbeiterkolonnen die strategischen Hauptstrecken der Eisenbahnen in Amerika und Europa. Parallel dazu wurde der von Samuel Morse 1832 erfundene Morsetelegraph von den Eisenbahngesellschaften übernommen. Seine militärische Bedeutung kann kaum überschätzt werden, ermöglichte er doch die Steuerung riesiger Massenheere auf große Entfernungen und eine rapide Beschleunigung der Nachrichtenübertragung.

Die beiden große Kriege des 19. Jahrhunderts, der amerikanische Bürgerkrieg (1861–65) und der deutsch-französische Krieg (1870/71), zeigten zwar bereits eine Vorahnung der technischen Möglichkeiten, die führenden Militärs ignorierten aber namentlich vor allem die Erfahrungen des Bürgerkrieges in Nordamerika, der im Wesentlichen ein Krieg der *Eisenbahn* und des *Nachschubs* war. Die Kriegführung unter Sherman, Grant, Sheridan, den bekanntesten Generälen der Nordstaaten, war ein Krieg der »verbrannten Erde«, der vollkommenen Zerstörung der Infrastruktur des Südens, ohne Rücksicht auf die dort lebenden Zivilisten, eine Kriegführung, die die Protagonisten auf Seiten des Südens als unmilitärisch betrachteten. Zu sehr waren sie noch im alten Kriegerethos befangen, ein Ethos, den der industrialisierte Norden als altmodisch verwarf.

25 Clausewitz: *Vom Kriege*, S. 660.
26 Jehuda L. Wallach: *Das Dogma der Vernichtungsschlacht. Die Lehren von Clausewitz und Schlieffen und ihre Wirkung in zwei Weltkriegen*, Frankfurt a. M. 1972, S. 9.

Der Erste Weltkrieg war schließlich durch die industriellen Feld-schlachten an der Westfront bestimmt, eine Abgleichung von Produktionszahlen und Menschenmassen, die trotz der Anhäufung von immer mehr Menschen und Material im jahrelangen Stellungs-krieg erstickte. Die Abwehr erwies sich als die stärkere Kriegsform. Das über die Jahre immer besser ausgebaute Graben- und Verteidigungs-system ließ alle Angriffsbemühungen mit blutigen Verlusten scheitern. Abermillionen von Granaten und Tausende von Geschützen an die Front geschafft, in der Hoffnung, den Gegner durch die Anhäufung von Material schier erdrücken zu können, sollte die verfahrene Lage ändern:

»Tage, ja sogar Wochen unaufhörlichen Artilleriefeuers sollten den Feind zermürben und unter die Erde treiben. Im geeigneten Augen-blick kletterten dann Wellen von Soldaten aus den Schützengräben, die üblicherweise unter Stacheldraht und Netzen verborgen waren, ins Niemandsland hinaus, in ein Chaos aus verschlammten Granat-trichtern, zersplitterten Baumstümpfen, Morast und liegengelassenen Leichen, um schließlich in das gegnerische Maschinengewehrfeuer zu laufen und niedergemäht zu werden.«[27]

Alle Offensiven, seien es die in Verdun, an der Somme oder am Chemin des Dames, endeten mit blutigen Verlusten der Angreifer. So verlor die englische Armee am 1. Juli 1916, dem Beginn der Somme-Offensive, an einem einzigen Tag 60.000 Mann, davon 20.000 Tote. Ein entscheidender Durchbruch, ein Sieg, war unter den Bedingungen des Grabenkrieges nicht mehr möglich. Am Ende kapitulierte die deutsche Armee, während ihre Truppen noch tief im Feindesland standen. Die Übermacht der alliierten Gegner, insbesondere seit dem Kriegs-eintritt der USA, hatte im März 1918 zu einem letzten verzweifelten Versuch Ludendorffs geführt, eine Entscheidung zu erzwingen. Nach dem Scheitern der Offensive an der westlichen Front war aber alle Hoffnung auf einen »Siegfrieden« vergangen. Die bedingungslose Kapitulation, der Versailler Vertrag und die schwer zu begreifende Niederlage bildeten die Voraussetzung für die folgende Apokalypse, die 1945 an ihr Ende kam.

Dem Geschwindigkeits- genauer: Beschleunigungsrausch der deutschen Wehrmacht, der auf eine Paralyse des Gegners zielte, war bis vor Moskau 1941, eine Parallele zu Napoleon, niemand gewachsen.[28] Dafür wurde schon sehr früh von westlicher Seite der Begriff des »Blitzkrieges« geprägt, der inhaltlich drei Dimensionen hat: taktisch-operativ den ohne vorherige Kriegserklärung durchgeführten blitzartigen Überfall durch motorisierte Panzerdivisionen in Begleitung der Luftwaffe; strategisch die Machtposition durch einzelne Schläge auszuweiten und ökonomisch die Aufrüstung von Fall zu Fall voranzutreiben, also *keine Tiefenrüstung*, d.h. eine langfristige Umstellung der Produktion für die Kriegsführung zu forcieren. Dieses Konzept trug mit zu den schnellen Siegen über Polen und die Westmächte in den Jahren 1939/40 bei. Die Panzerdivisionen der Wehrmacht hatten – im Zusammenspiel mit der deutschen Luftwaffe – in weniger als einem Jahr fast ganz Europa in ihre Gewalt gebracht. Die Feldzüge waren gegen jede nüchterne Voraussage in wenigen Wochen entschieden. Die drei Elemente: Überraschung, Konzentration der Kräfte und Geschwindigkeit stellten sich in ihrer Verbindung als entscheidend heraus.

Die Umsetzung des von Erich von Manstein ursprünglich entworfenen Sichelschnittplanes, den Hitler instinktiv übernahm, sollte den Höhepunkt der deutschen Kriegsmaschine bilden und Frankreich in gerade einmal sechs Wochen besiegen, ein Land, gegen das die Generation der Väter jahrelang im Stellungskrieg der Westfront verblutete. Die Schmach von Versailles wurde danach auch symbolisch aufgelöst, indem die französische Seite im eigens herangeschafften historischen Eisenbahnabteil (dem Ort, an dem Deutschland 1918 die Kapitulation unterschrieb) ihrerseits die Kapitulation unterzeichnen musste.

Der schnelle Offensivkrieg dient gewissermaßen einer perversen Hegung des Krieges. Den Gegner überrumpeln, ihn einkreisen und schlagen, das war das Konzept einer Kriegführung, die psychologisch

---

27 Eric Hobsbawm: *Das Zeitalter der Extreme. Weltgeschichte des 20. Jahrhunderts*, München/Wien 1995, S. 42.

28 Zur Unfähigkeit der französischen Führung, den Bewegungskrieg zu verstehen, vgl. Marc Bloch: *Die seltsame Niederlage. Frankreich 1940. Der Historiker als Zeuge*, Frankfurt a. M. 1995 (Orig. 1940), S. 70–180. »Der Triumph der Deutschen«, so der französische Historiker, »war im wesentlichen ein intellektueller Sieg, und das ist vielleicht das Gravierendste an ihm gewesen.« (ebd., S. 81)

auf dieselbe Situation wie 1914 zielte. Der Schlieffenplan antwortete auf die Umzingelung feindlicher Mächte und setzte dieser Vorstellung eine quasi spiegelbildliche Einkreisung dagegen. »Die aus der geografischen Mittellage gespeiste deutsche Einkreisungsangst reagiert folgerichtig mit dem Umkehrdrang. Den Gegner einkesseln heilt die Klaustrophobie.«[29] Einen Gegner, der auf einer Insel lebte (England), und ein Land von der Größe der Sowjetunion konnte man aber nicht einkesseln.[30] Mit dem Beginn des Unternehmens Barbarossa willigte die deutsche Führung unbewusst in die Ermattungsstrategie des Ersten Weltkriegs ein. In den Weiten Russlands endete denn auch der bis dorthin erfolgreiche Blitzkrieg.

Nach der bedingungslosen Kapitulation der deutschen Truppen im Mai 1945 gibt es, so unsere These, keine »wirklichen Siege« mehr, v.a. da Kriege von Staaten untereinander selten geworden sind. Die kurzen Kriege Israels gegen die arabischen Verbündeten oder der erste Golfkrieg 1991 gegen den Irak in Kuwait (vgl. Kapitel 3.3), die jeweils mit klaren Siegen einer Seite endeten, sind Beispiele für die wenigen Ausnahmen dazu. Aber auch sie bringen – und das ist entscheidend – keinen dauerhaften Frieden. Nach 1945 tritt ein neuer, im eigentlichen aber ein altbekannter Typus des Krieges an die Stelle zwischenstaatlicher Auseinandersetzungen, in dem ein Sieg aus Sicht des Westens offensichtlich nicht mehr erreicht werden kann.

DIE »NEUEN KRIEGE«

Seit längerem steht der Begriff der »Neuen Kriege« im Mittelpunkt der Diskussion über die veränderten Weisen der Kriegführung. Den Anfang machte die englische Politikwissenschaftlerin Mary Kaldor, die 1999 eine Studie mit dem Titel *New and old wars* veröffentlicht.[31] Ihre Untersuchung gibt eine Darstellung und Zusammenfassung der zunehmend nicht-staatlich geführten Gewaltkonflikte, denen der Zusammenbruch des Gewaltmonopols des Staates gemeinsam ist. Herfried Münkler, der mit seinem 2002 erschienenen Buch *Die Neuen Kriege* die Debatte in Deutschland im Wesentlichen prägte, macht klar, dass die Neuen Kriege eigentlich die weiter oben beschriebenen

»alten Kriege« sind, nämlich kriegerische Auseinandersetzungen, in denen der Staat noch nicht die für uns selbstverständlich gewordene Zentralgewalt besaß. Insofern ist unsere Sicht auf die »Neuen Kriege«, andere nennen sie »Wilde Kriege« (Sofsky) oder »Low Intensity Wars« (van Creveld), von der langen Ära der europäischen Staatenkriege und insbesondere der zeitlich nahen Weltkriege bestimmt.[32]

Bis in die zweite Hälfte des 20. Jahrhunderts war der klassische Krieg der Neuzeit ein Krieg zwischen Staaten, der in der Regel mit dem Sieg einer Seite sein Ende fand. Der Sieger setzte seinen Willen durch und bis dato feindliches Territorium wurde unter seine Besatzung und Kontrolle gestellt. Häufig bedeutete das aber nicht das Ende eines Konfliktes. Vielfach flammten die alten Rivalitäten wieder auf, indem der Feind neue Kräfte sammelte und die Idee der Revanche den Verlierer zu Anstrengungen motivierte, die den ursprünglichen Sieger aufs Neue militärisch herausforderte. Die permanente Rivalität zwischen England und Frankreich im 18./19. Jahrhundert oder die zwischen Deutschland und Frankreich im 19./20. Jahrhundert mögen als Beispiele dafür dienen. Mit dem Ende des Zweiten Weltkrieges sind diese revanchistischen Gefühle in Europa fast gänzlich verschwunden. Moderne Demokratien, so ein bekanntes Bonmot, führen keine Kriege gegeneinander. Selbst der Zerfall in zwei antagonistische Lager nach 1945, die westlich-kapitalistischen Länder und der sowjetische Block, führte durch die Androhung der atomaren Vernichtung nur noch zu mit konventionellen Waffen ausgetragenen Stellvertreterkriegen, vor allem in Asien und Afrika.

29 Jörg Friedrich: *Das Gesetz des Krieges. Das deutsche Heer in Russland 1941-45*, München 1995, S. 498.

30 Schon Clausewitz hielt es für unmöglich, Russland in einem Feldzug zu erobern. In *Vom Kriege* schreibt er: »Das russische Reich ist kein Land, was man förmlich erobern, d.h. besetzt halten kann. [...] Ein solches Land kann nur bezwungen werden durch eigene Schwäche und durch die Wirkungen des inneren Zwiespaltes.« (Clausewitz: *Vom Kriege*, S. 703).

31 Mary Kaldor: *Neue und alte Kriege*, Frankfurt a. M. 2007.

32 »Die Probleme und Unzulänglichkeiten einer begrifflich prägnanten und sachlich umfassenden Bezeichnung der neuen Kriege verweisen freilich weniger auf Defizite der Begriffs- und Theoriebildung; vielmehr zeigen sie die unübersichtliche und in einer kohärenten Begrifflichkeit, geschweige denn Theorie kaum zu erfassende Gemengelage der jüngeren Entwicklung des Kriegsgeschehens auf.« (Münkler: *Die Neuen Kriege*, S. 47)

Die Partisanenkriege und insbesondere die antikolonialistischen Befreiungsbewegungen nach 1945, etwa durch Mao, Che Guevara oder den Vietcong repräsentiert, waren in der Geschichte bereits vielfach erprobt und bekannt. Der Aufstand der Spanier oder Tiroler gegen die napoleonische Besatzung zeigen früh die Verbindung von großem und kleinem Krieg (Guerilla). Für Praktiker und Theoretiker des Partisanenkrieges wie etwa den chinesischen Revolutionär Mao-Tsetung war aber immer klar, dass der Partisanenkampf nur eine Phase der Kriegführung darstellt und die Verwandlung des Partisanen in einen regulären Kämpfer, sobald es die Stärkeverhältnisse erlauben, das eigentliche Ziel sein muss.

Mit dem Zerfall des kommunistischen Blocks, den Youth Bulges, also dem riesigen Überschuss an jungen Männern der zerfallenden afrikanischen und arabischen Staaten und der neuerlichen Radikalisierung des Islam kommt es zu einer Art Rückfall hinter die Ära der Verstaatlichung des Krieges. Die drei heute charakteristischen Bestimmungen der neuen Kriege: Entstaatlichung, Privatisierung von Gewalt, Asymmetrie und Autonomisierung der Gewalt lassen eine klare Trennung von Krieg und bloßer Gewalt nicht mehr zu. Historisch definiert vor allem die Trennung von Gewaltanwendung und Erwerbsleben den modernen Staat. Diese Trennung hat in vielen Ländern Afrikas und des Nahen Ostens keine Bedeutung. Kämpfe parastaatlicher Akteure mit unklaren Motiven und Interessen, ohne eindeutige Kriegsziele, machen diese Konflikte zu faktisch sinnfreien Zonen. Kriege werden nicht mehr geführt, so der bekannte israelische Militärhistoriker Martin van Creveld, sondern »sie schwelen dahin«. Sie haben keinen Anfang und kein Ende. Sieg oder Niederlage haben deshalb keine Bedeutung mehr. Creveld ist der Überzeugung, dass diese Kriegsformen vor Europa und den USA nicht halten machen werden. Die alltägliche Gewalt tribalistischer Einwanderer und die regelmäßigen terroristischen Anschläge in europäischen und amerikanischen Städten sind die Vorboten eines Imports von Gewaltformen, die aus unserem Bewusstsein verdrängt wurden, ganz einfach deshalb, da sie in einer pazifizierten und wirtschaftlich prosperierenden Gesellschaft keine Rolle spielten. Umso hilfloser sind nun die heutigen Versuche, darauf zu antworten.

Man könnte die gegenwärtigen Formen des islamistischen Terrors, um den Beginn des Kapitels wieder aufzunehmen, mit der Taktik der klassischen Reiternomaden gegen die sesshaften Kulturen vergleichen: die Verbreitung von Schrecken durch exzessive Gewalt, Hinrichtungen, Versklavung von Frauen, Massenvergewaltigungen in den eroberten Gebieten, hohe Mobilität, Überraschungsangriffe mit Messern und Sprengstoff, das Verschwinden und Untertauchen, nicht mehr in den Weiten der Steppe, sondern in den großen Metropolen unserer Länder. Die westliche Zivilisation erinnert so an das chinesische Kaiserreich, das den Angriffen der Mongolen hilflos ausgeliefert war. Wir können weder die Basis des Feindes angreifen, weil es schlicht keine gibt, noch können wir unsere öffentlichen Räume schützen oder Selbstmordattentäter effektiv abschrecken. Die feindlichen Akteure sind unsichtbar und leben doch mitten unter uns. Der vollmundig, etwa auch von Bundeskanzlerin Merkel, erklärte »Krieg gegen den Terror« ist ein Konflikt, in dem weder ein konkretes Kriegsziel formuliert, noch ein Ende gedacht werden kann. Wir nähern uns mehr und mehr einem Zustand an, der bei Völkern auftrat, die kein geordnetes Staatswesen besaßen oder sich noch im Stadium der Vorstaatlichkeit befanden. Ein Krieg ohne Anfang oder Ende, ein Krieg, der keine Entscheidung kennt und in dem ein Begriff wie Sieg keinen Sinn mehr macht. In den aktuellen Kriegen gibt es definitiv keine Siege mehr, alle Bestimmungen, die wir im ersten Kapitel gemacht haben, finden in ihnen keine empirische Entsprechung. Die Versuche der amerikanischen Administration, nach militärischen Siegen am Vorbild der »Reeducation« Deutschlands oder Japans orientiert so etwas wie Befriedung durch »Nation Building« in Ländern wie Afghanistan oder dem Irak zu betreiben, zeigen nur die Ohnmacht angesichts eines Feindes, der weder seine Niederlage akzeptiert noch eine Grenze der Opferbereitschaft kennt. In einem Strategiepapier von Al Kaida mit dem Titel »The Management of Savagery« heißt es dazu klar und deutlich: »Der Westen hat nicht den Magen für einen langen Kampf.«

Hatte Clausewitz den Krieg als die Fortsetzung der Politik mit anderen Mitteln definiert, gilt heute: der »Krieg ist die Fortsetzung der

Moral mit anderen Mitteln.« Stand die Frage des Willens, der »moralischen Größen« (Clausewitz) und der mentalen Voraussetzungen zwar immer im Mittelpunkt der Betrachtung kriegerischer Konflikte, ist sie heute für die westliche Welt die eigentliche Schlüsselfrage. Ein Sieg, oder sagen wir zunächst die Bereitschaft zu siegen, d.h. die eigene Selbstbehauptung in den Fokus zu nehmen, setzt mentale Muster voraus, die bestimmte Handlungen erst möglich machen. Der Verlust dieser Fähigkeiten und die Gründe dafür werden in den Kapiteln 4 und 5 insbesondere am Beispiel Deutschlands behandelt.

EXKURS 1: SIEGEN VS. GEWINNEN

Im September 1914 scheiterte der Schlieffenplan, 50 Kilometer vor Paris, an der Marne. Die deutschen Angriffsarmeen ziehen sich an die Aisne zurück. Von diesem Moment an beginnt, zunächst von den Generalstäben noch uneingestanden, der für die westliche Front des Ersten Weltkriegs so typische Verlauf, der die Bilder dieses Krieges bis heute bestimmt: von Kratern und Granattrichtern übersäte Landschaften, Erdfontänen, Gasschwaden, Grabensysteme, Stacheldraht und Schlamm. Auf Seiten der Soldaten und der militärischen Führung: Massenangriffe mit horrenden Verlusten, von Granatsplittern zerstörte Körper, endloses Warten in dreckigen Unterständen, vollkommene Unklarheit über den Gesamtverlauf der Schlachten.

Nicht mehr ein kühner Plan, Flankenangriffe und das Element der Überraschung, sondern die Massierung aller Kräfte auf einen kleinen Frontabschnitt steht nun im Mittelpunkt der militärischen Planung. An Stelle der sakrosankten Figur des Durchbruchs tritt die »Ausblutung«, wie sie etwa vor Verdun in exemplarischer Weise sichtbar wird. Ziel ist die Zerstörung des Willens des Gegners, seine langsame und methodische Zermürbung, sein, wie es genannt wurde, »seelisches Niederringen«. Wille steht gegen Wille und derjenige wird siegen, dessen Wille härter und ausdauernder ist. Die klassische Kriegskunst war mit der Massierung von Material und Soldaten an ihr Ende gelangt; militärische Tugenden und operative Kunst können der industriellen Wirklichkeit nicht mehr als eine wahnwitzige Opferbereitschaft entgegenstellen. Wilhelm Ritter von Schramm, aristokratischer Offizier und Militärhistoriker, hat in der von Ernst Jünger 1930 herausgegebenen Anthologie *Krieg und Krieger* diese Veränderungen aus der Sicht des Soldaten eindringlich beschrieben:

»Der Krieg war nicht mehr eine erhöhte, zusammengefasste Form des männlichen Lebens, wie wir ihn alle geträumt, er war eine fürchterliche Maschine, eine Mechanik der blinden Zermalmung, die von einem Heer simpler Angestellter, auch von gewieften Mechanikern in Gang erhalten war. (…) Was Krieg hieß, wurde in Wirklichkeit nur der Leerlauf der Kriegsmechanik, das Toben der Artillerie vom schwersten Kaliber, der Tanks, Minen und Flieger gegen die wehrlose Infanterie. (...) Der Krieg war unmilitärisch geworden.«[1]

Der militärische Charakter des Krieges verliert im Ersten Weltkrieg zunehmend seine Bedeutung, vielmehr nähert er sich dem abstrakten Begriff der Arbeit an, die Logistik triumphiert über die Taktik, eine Ermattungsstrategie ersetzt die heroische Offensive. Abstrakte mathematische Prinzipien, statistische Zahlen und administrative Überlegungen bestimmen die Prinzipien des Abnutzungskrieges, der zugleich in die Zonen des zivilen Lebens eindringt.

»Der erste gewollte Verschleißkrieg war der erste Krieg von zugleich Vernichtung und Konsumtion, eine unmittelbare Vernichtung von Menschen, Materialien, Städten und Landschaften und eine grenzenlose Konsumtion von Munition, Ausrüstung und Arbeitskraft. Nach und nach machten die eleganten Aufmarschpläne oder Angriffsordnungen neuen Überlegungen Platz: dem Granatenverbrauch pro laufendem Meter Schützengraben, dem Produktionsprogramm, Auflistung und Bewertung von Nachschublagern.«[2]

Unter diesen Bedingungen verliert auch der klassische Begriff des Sieges seine Bedeutung. Exemplarisch wird das am Angriff auf Verdun deutlich. Es sollte gar nicht zu einer schnellen Eroberung oder einem raschen Sieg kommen, wichtig war die berechnete Verausgabung von Menschenleben, die der Generalstabschef Erich von Falkenhayn auf das mathematische Verhältnis von 2:5 bezifferte: Durch den Verlust zweier Männer war der Tod von fünf Gegnern zu erzielen. Konsequent gedacht, musste so der Sieg nach einer Periode der Abschlachtung zwangsläufig eintreten, ein Konzept, das uns ein halbes Jahrhundert später in Vietnam im so genannten »Body Count« wiederbegegnet (vgl. Kap. 3.3).

Der Erste Weltkrieg wurde, wie auch der Zweite, nicht militärisch, sondern ökonomisch entschieden. Die Kunst der Strategie verschwindet und an ihre Stelle treten konkurrierende Produktionssysteme, bis die wirtschaftlich stärkere Seite zum Sieger erklärt wird. Der Verlierer hatte sich erschöpft. Im Unterschied zu 1945 war die Niederlage im November 1918 aber nicht »total.« Die deutschen Armeen stehen zum Zeitpunkt der Kapitulation noch tief in Feindesland und waren keineswegs kampfunfähig. Das Gefühl, gar nicht besiegt worden zu sein, sondern einfach von einer feindlichen Übermacht erdrückt, war der entscheidende Anknüpfungspunkt für die so genannte Dolchstoßthese. Noch bevor der Dolchstoß in den Rücken der kämpfenden Armee die Niederlage erklären musste, ist es die Figur des »Im Felde unbesiegt«, die eine kollektive psychische Entlastung ermöglicht. »Im Felde unbesiegt« zeigt aber vor allem, dass seine Protagonisten die Wirklichkeit des industriellen Krieges nicht verstanden hatten, denn dieser Metapher liegt noch eine Vorstellung des Sieges zugrunde, die auf militärischen Einzelleistungen und nicht auf einem wirtschaftlichen Kräftemessen ganzer Staatenallianzen beruht. So konnte man zwar einzelne Siege erringen, den Krieg als Ganzes aber trotzdem verlieren. Ein Paradoxon, das mental nur schwer zu verarbeiten war.

Die Formel »Im Felde unbesiegt« spendet Trost und gibt den Opfern nachträglich einen Sinn. Das Attribut »unbesiegt« bezieht sich dabei immer und ausschließlich auf das Heer, nicht auf das Reich als Ganzes. Nur im Falle eines an der Front unbesiegten Heeres ergibt das Bild des Dolchstoßes einen Sinn. Der Empfang der heimkehrenden Truppen 1918 führt in der Folge zu sprachlichen Konstruktionen, die versuchen, Kapitulation und Unbesiegtsein in Einklang zu bringen. Hier nur drei Beispiele aus zeitgenössischen Quellen: »Wir sind besiegt, obwohl nicht geschlagen.«, »Wir haben den Krieg verloren, ohne besiegt zu sein.« oder sprachlich auf den Punkt gebracht: »Wir sind besiegte Sieger.«[3]. Symbolisch zeigt sich das Nichtanerkennen der Niederlage darin, dass sich die Rückkehr der Truppen nach Berlin »an der traditionellen preußischen *porta triumphalis* abspielte und sich äußerlich offenbar kaum von der Begrüßung der *siegreichen* Truppen

---

1 Wilhelm v. Schramm: *Schöpferische Kritik des Krieges.* In: Ernst Jünger (Hrsg.): *Krieg und Krieger,* Berlin 1930, S. 38 f. und S. 45.

2 Paul Virilio: *Geschwindigkeit und Politik,* Berlin 1980, S. 69.

3 Rainer Sammet: *Dolchstoss. Deutschland und die Auseinandersetzung mit der Niederlage im Ersten Weltkrieg (1918–1933),* Berlin 2003, S. 68 f.

der Kriege 1815, 1864, 1866 oder 1871 unterschied.«[4] In den meisten Städten Deutschlands wurden die Soldaten als Sieger empfangen. Die Abwehr der Niederlage transferiert die entscheidende Frage der individuellen Bewältigung in den Bereich des Moralischen:

»Wo Siegen zunehmend die Bedeutung von ›Gewinnen‹ annimmt, wird es – immer in der Sicht der militärisch geprägten Verlierer-kultur – zunehmend Sache der ›Händler‹. Wenn aber der materielle Gewinn an die Stelle des Lorbeers tritt, bleibt dem Helden nur noch die von allen materiellen Interessen freie ›beau geste‹, einen zwar aussichts-, aber auch tadellosen Kampf geliefert zu haben. (…) So erwirbt der Verlierer in seinem Selbstverständnis eine Würde, die im Zeitalter der falschen Gewinnsiege dem Sieger so unzugänglich ist wie im Neuen Testament dem Reichen das Himmelreich.«[5]

Siegen verliert mit den industriellen Feldschlachten mehr und mehr seinen heroischen Glanz und wird zum profanen *Gewinnen*. Die technisch-ökonomische Welt, in der Menschen- und Materialmassen triumphieren, zerstört die Idee des Heroischen, die in den Krieger-kulturen über Jahrtausende hohes Ansehen besaß. Der Soziologe und Volkswirt Werner Sombart veröffentlichte bereits 1915 eine propagandistische Schrift mit dem Titel *Händler und Helden*, in der er auf die Unterschiede zweier kultureller Antipoden verweist. »Was im Kampfe steht«, so Sombart, »sind der Händler und der Held, sind händlerische und heldische Weltanschauung und dementsprechende Kultur.«[6] Händler und Helden sind aber keine Berufsbezeichnungen, sondern Gesinnungen und so wird der Erste Weltkrieg bei Sombart zur Auseinandersetzung dieser beiden Prinzipien. Als die zwei Völker, die diese zutiefst verfeindeten Geister am besten repräsentieren, iden-tifiziert Sombart das englische und das deutsche. Den Inselbewohnern bescheinigt er – unter Modifizierung antisemitischer Klischees – eine »*Krämerphilosophie*«, deren arrogantes, prinzipienloses, wie materia-listisches Wesen stets darauf versessen sei, den größtmöglichen Gewinn herauszuschlagen. Ganz anders die Deutschen. Deren »heldische Auffassung des Lebens« offenbare sich in der Ablehnung von Utilitarismus und Eudämonismus sowie in der Auf- und Hingabe an eine höhere Pflicht im Dienst für Volk und Vaterland. Dies seien die Ideale, die die Welt von englischer Raffgier und angelsächsischem Mammonkult befreien sollten.

Carl Schmitt nimmt Sombarts Unterscheidung in seiner Studie *Land und Meer* in anderer Weise auf. Für ihn verläuft die menschliche Geschichte entlang der großen Linien der Auseinandersetzungen von Land- und Seemächten. Die erste politisch-historische Kriegserzählung, Thukydides *Geschichte des Peloponnesischen Krieges*, kann in diesem Sinne als der Kampf zwischen einer Seemacht (Athen) und einer Landmacht (Sparta) gelesen werden. Carl Schmitt macht darauf aufmerksam, dass der Seekrieg stets den Aspekt der Totalität des Krieges in sich trägt, da er nicht nur, vermittels Blockade des Handels und der Wirtschaft, auf die gegnerischen Streitkräfte zielt, als vielmehr die gesamte Gesellschaft des Feindes tangiert. Im Gegensatz zum Landkrieg, in dem sich Heere gegenüberstehen und die Zivilbevölkerung im Idealfall außerhalb der Feindseligkeiten bleibt, folgt der Seekrieg einem ubiquitären Prinzip.[7] Die Seemächte, so Schmitts These, tragen in langgezogenen Kriegen stets den Sieg davon. Die Händler siegen über die Helden, da sie – auf einen einfachen Nenner gebracht – vorurteilsfreier und ökonomisch rationaler Krieg führen können. Der Held wird so um seinen Sieg betrogen. Auf die reale, psychische Dimension dieses Gefühls verweist der Kulturhistoriker Wolfgang Schivelbusch:

»Angesichts der Tatsache, dass Kriege zwischen ›militaristischen‹ und ›bürgerlichen‹ Nationen oft mit glanzvollen militärischen Erfolgen der ersteren beginnen, um nach langwierigem Material- und Erschöpfungskrieg durch die *erdrückende* Wirtschaftsmacht der letzteren entschieden zu werden, erscheint das Gefühl der Verlierer, um den Sieg betrogen worden zu sein, nicht vollkommen abwegig.«[8]

4 Ebd., S. 69.
5 Schivelbusch: *Die Kultur der Niederlage*, S. 29 f.
6 Werner Sombart: *Händler und Helden. Patriotische Besinnungen*, Leipzig 1915, S. 4. In seiner Geschichte des Kapitalismus hat Sombart die psychische Disposition der großen Kapitalisten noch mit Wagemut und Abenteurertum in Verbindung gebracht.
7 Carl Schmitt: *Land und Meer. Eine weltgeschichtliche Betrachtung*: Stuttgart 1993 (Orig. 1942), S. 87 f.
8 Schivelbusch: *Die Kultur der Niederlage*, S. 29 (Hervorh. im Orig.) Ein Beispiel für eine solche Konstellation ist der amerikanische Bürgerkrieg, in dem die unterlegenen Südstaaten militärisch zu Beginn des Konflikts dem industrialisierten Norden überlegen waren.

In beiden Weltkriegen triumphieren die überlegenen industriellen Kapazitäten der Alliierten über Deutschland und seine Verbündeten. Der Sieg ist ein mit mathematischer Wahrscheinlichkeit vorhersagbares Ergebnis, in dem der Kampfwille dem Material unterliegt. Die Wirtschaft triumphiert über das Militär. In dem schon bald nach dem Ende des Europäischen Bürgerkriegs einsetzenden so genannten »Kalten Krieg« wird dieser Prozess auf die Spitze getrieben. Die Atombombe »radikalisierte den totalen Krieg und brachte ihn zugleich an ein Ende.«[9] Das Zerstörungspotential von Nuklearwaffen übertrifft jenes konventioneller Waffen in einem bis dahin nicht vorstellbaren Maße. Eine einzige Bombe legt ganze Städte in Schutt und Asche, Hunderttausende Menschenleben werden mit einer einzelnen Detonation ausgelöscht. Damit ist die waffentechnologische Entwicklung an ihr vorläufiges Ende gekommen. Bis dahin führte noch jede militärische Innovation zu einer Gegeninnovation, die für einen Ausgleich sorgte. Bei der »absoluten Waffe« ist dieser Mechanismus allerdings außer Kraft gesetzt. Gegen sie gibt es kein wirkungsvolles Antidot. Den bekanntesten Versuch, dennoch eines zu finden, stellt wohl das 1983 von dem damaligen US-Präsidenten Ronald Reagan ins Leben gerufene SDI Programm (Strategic Defense Initiative) dar, durch das mithilfe weltraumgestützter Laserwaffen ein Schutzschirm über den USA aufgespannt werden sollte. Jedoch sind solche Versuche von Beginn an zum Scheitern verurteilt. Die geringste Versagensrate würde bereits solch verheerende Folgen zeitigen, dass an eine Fortsetzung des Waffengangs nicht zu denken ist. Ein nuklearer Krieg kann von keiner der beiden Seiten gewonnen werden.

An die Stelle des Kampfes tritt so eine Politik der gegenseitigen Abschreckung, ein »Gleichgewicht des Schreckens«, in dem das Hauptanliegen der beiden Supermächte in der Kriegsbegrenzung besteht. Das gilt sowohl für einen großen Konflikt zwischen NATO und Warschauer Pakt entlang des Eisernen Vorhangs als auch für kleinere, konventionelle Kriege. Denn auch diese bergen aufgrund der Doktrin der »Flexible Response« erhebliches Eskalationspotential. Infolgedessen verlagert sich der Konflikt auf eine andere, die wirtschaftliche Ebene. Davon zeugen Begriffe wie »Rüstungswettlauf«

oder »Wettrüsten«, in denen aus Feinden endgültig wirtschaftliche Konkurrenten werden. Dem eigentlich militärischen Element kommt nur noch eine untergeordnete Rolle zu: »Der Kalte Krieg kürzte diesen Umweg der wechselseitigen Materialvernichtung ab, indem er die Volkswirtschaften direkt, ohne Einsatz der Armeen, gegeneinander antreten ließ.«[10] Exemplarisch für die sich daraus ergebende Politik mag die Ronald Reagan zugeschriebene Aussage stehen, wonach die Sowjetunion totgerüstet werden soll.

In diesem Sinne lässt sich sagen, dass der Zusammenbruch der Sowjetunion und ihres Imperiums der letzte große Sieg und umgekehrt die letzte große Niederlage in der Geschichte des 20. Jahrhunderts war, in dem der Staatenkrieg als totaler, ohne militärische Entscheidung, geführt wurde. 1991 wurde die rote Fahne, die 1945 noch über dem Reichstag in Berlin wehte, vom Kreml eingeholt. Anders als aber Deutschland nach 1945 zeigten die zerfallende Sowjetunion und ihr Nachfolgerstaat nur teilweise die Bereitschaft, das Siegersystem des Westens als Ganzes zu übernehmen. Der Rückzug in einen starken Nationalismus, die teilweise Abgrenzung gegenüber Europa und die Eigendefinition Russlands als eine Art Antipoden zur westlichen Welt – das alles sind Hinweise darauf, dass die Niederlage nicht als solche akzeptiert wurde, fehlten doch alle Attribute, die sie traditionell definierten. Insofern sind das Deutschland von 1918 und das Russland nach 1989 entfernte Verwandte.

Trotz der Tendenz zur Kriegsvermeidung, die mit der Abschreckung einhergeht, kam es unterhalb der nuklearen Schwelle auch weiterhin zu einer Reihe kriegerischer Auseinandersetzungen. Während die Sowjetunion sich dabei auf Interventionen in ihrem Einflussbereich – DDR, Ungarn, CSSR und Afghanistan – beschränkt, verstricken sich die westlichen Führungsnationen USA, Großbritannien und Frankreich weltweit in diverse Kriege. Dabei handelt es sich aber nicht um konventionelle Waffengänge. »Demokratien sind nicht in der Lage, symmetrische Kriege zu führen, weil eine

9 Rolf Peter Sieferle: *Krieg und Zivilisation. Eine europäische Geschichte*, Berlin 2018, S. 493 (bislang unveröffentlicht).

10 Schivelbusch: *Die Kultur der Niederlage*, S. 348.

Bevölkerung, die zielstrebig ihre Interessen verfolgt und durch Wahlen auf politische Entscheidungen Einfluss nimmt, nicht bereit ist, die seit dem Ersten Weltkrieg antizipierbaren hohen Verluste eines solchen Krieges hinzunehmen.«[11] Also engagiert man sich weltweit in asymmetrischen Konflikten wie Polizeiaktionen, Aufstandsbekämpfungen oder der Beseitigung von Diktaturen, um geopolitische und ökonomische Interessen zu verteidigen, stets in der Erwartung, »dass der Krieg ohne größere eigene Verluste schnell und erfolgreich zu Ende gebracht werden könnte.«[12]

Bekanntlich kommt es in der Regel anders. Obgleich ökonomisch, militärisch und technologisch weit überlegen, gehen die hochgerüsteten und bestens versorgten westlichen Kolonial- und Expeditionstruppen seit 1945 regelmäßig als Verlierer aus militärischen Auseinandersetzungen mit nicht-westlichen Gegnern hervor. Die Lehre vom beinah zwangsläufigen Triumph der leistungsfähigeren Volkswirtschaft hat für diese Kriege ihre Gültigkeit verloren. Wie der französische Algerienkrieg sowie der US-amerikanische Vietnamkrieg verdeutlichen, reicht es nicht mehr aus, die feindlichen Kräfte zu schlagen. Ein Sieg ist nicht länger das Ergebnis mathematischer Berechnungen und ökonomischer Stärke. Vielmehr ist es der *Wille zum Sieg*, der sich als ausschlaggebend erweist. Und da zeigt sich, dass die Interessen, die die westlichen Staaten bei ihren Interventionen anleiten, weit weniger Motivationskraft besitzen als die Ideale, in deren Namen die Angegriffenen kämpfen.

Hinzu kommt, dass »die ganz außergewöhnlichen Möglichkeiten einer technisch weit fortgeschrittenen Gesellschaft, ihren Gegnern mit überwältigender Macht zu begegnen, schließlich von einer Übereinstimmung abhängig (sind), welchen Zielen Können und Kraftanstrengung des Kollektiv gewidmet werden sollen.«[13] Diesen Konsens zwischen Regierenden und Regierten über einen längeren Zeitraum zu erhalten, hat sich in den demokratisch organisierten Nachkriegsgesellschaften des Westens als unmöglich erwiesen, umso mehr, da eine unabhängige Presse Kriegskritikern Gehör verschafft. So dauerte es im französischen Vietnamkrieg zwei, im Algerienkrieg drei Jahre bis das Einverständnis zuhause bröckelte; und im US-amerikanischen

Vietnamkrieg ist der Wendepunkt mit der Tet-Offensive am 30. Januar 1968 erreicht, etwas mehr als dreieinhalb Jahre nach dem Tonkin-Zwischenfall.

Diese Meinungsumschwünge sind das Ergebnis von ans Tageslicht gekommenen Kriegsverbrechen oder einer Kriegsführung, die als unvereinbar mit den demokratischen und menschenrechtlichen Idealen und Prinzipien in der Heimat angesehen werden. Sie verdeutlichen den fundamentalen Sinneswandel, der sich in der westlichen Welt nach dem Zweiten Weltkrieg vollzieht. Unmenschlichkeiten werden nicht mehr hingenommen, auch nicht im Namen einer vermeintlich höheren Sache, wie etwa der Rettung der Welt vor dem Kommunismus. Die traditionellen Kategorien der militärischen Welt sind nicht nur endgültig zusammengebrochen, sie sind mit Blick auf Auschwitz und Hiroshima zudem auch moralisch restlos diskreditiert. Adornos inzwischen berühmte Feststellung: »Nach Auschwitz ein Gedicht zu schreiben, ist barbarisch« beschreibt die tiefe Skepsis der Nachkriegsgesellschaft gegenüber der eigenen Kultur. Alles steht nun auf dem Prüfstand und wird einer moralischen Neubewertung unterzogen.

Von diesem kulturellen Wandel bleibt das Militärische nicht ausgenommen. So wie in der Zwischenkriegszeit und im Kriegsverlauf die Gesellschaft immer weiter militarisiert wurde, schlägt nun das Pendel in die andere Richtung aus. Das Zivile beginnt das Militärische zu affizieren. Nun sind es bürgerlich-zivile Kategorien, die in den Kasernen des Landes Einzug halten. Der Soldat wird zum »Bürger in Uniform«, der im Sinne einer neuen Moral erzogen und deren Wertekatalog er verpflichtet ist. Rolf Peter Sieferle nennt diesen Vorgang die »dritte Zivilisierung (des Krieges, Anm. d. V.) im Zuge der universalistisch-postheroischen Humanisierung in den demokratischen Ländern nach 1945.«[14]

---

11 Münkler: *Die Neuen Kriege*, S. 219.
12 Ebd.
13 William H. McNeill: *Krieg und Macht*, München 1984, S. 331.
14 Sieferle: *Krieg und Zivilisation*, S. 511.

Wo Siegen einst mehr und mehr die Bedeutung von Gewinnen angenommen hat, entfernen sich in den moralisch konnotierten Kriegen des frühen 21. Jahrhunderts die beiden Begriffe voneinander. Der moralische Imperativ verbietet einen Sieg im klassischen Sinne. Es darf keine Gewinner, aber viel mehr, es darf auch keine Verlierer mehr geben[15].

---

15 Wie sehr diese Auffassung dominant geworden ist, veranschaulicht das Beispiel der deutschen Fußballnationalmannschaft, deren Siegesfeier am Brandenburger Tor nach dem Gewinn der Weltmeisterschaft 2014 aufgrund eines Tanzes, der sich über den argentinischen Finalgegner lustig machte, in den Verdacht eines unzulässigen Chauvinismus geriet.

III. KRIEGSZIELE

Über den Krieg hinaus markiert der Sieg nicht nur das Ende eines Krieges. Vielmehr müssen seine Ziele gedanklich am Anfang der Planungen stehen und eine Antwort darauf geben, zu welchem Zeitpunkt und unter welchen Bedingungen der Sieg erreicht und wie er insbesondere nach den Kriegshandlungen zu verwalten ist. In den »Neuen Kriegen« ist letzterer Punkt der entscheidende geworden: nicht nur, dass die Zahl der Opfer nach dem verkündeten Sieg steigt (siehe etwa Irak oder Afghanistan), die Schaffung einer Nachkriegsordnung wird zur langwierigen Aufgabe und zum wichtigen Teil des militärischen Engagements. Der »Sozialarbeiter in Uniform« ist nicht umsonst sprichwörtlich geworden.

Für Clausewitz, den Analytiker der Staatenkriege, bestimmte der politische Zweck sowohl den Krieg als auch die Kriegführung. Als sozusagen ideell vorweggenommener Sieg ist die Kriegszielbestimmung für ihn eine genuin politische und keine militärische Aufgabe. Nach Clausewitz ist es eine geradezu schädliche Auffassung, »wonach ein großes kriegerisches Ereignis oder der Plan zu einem solchen eine rein militärische Beurteilung zulassen soll; ja es ist ein widersinniges Verfahren, bei Kriegsentwürfen Militärs zu Rate zu ziehen, damit sie rein militärisch darüber urteilen sollen.«[1]

Die festgelegten Kriegsziele begrenzen im Vorfeld den Konflikt im besten Falle: Zum einen zeitlich, indem sie den Moment markieren, ab wann der Krieg gewonnen ist und die eigenen Ziele erreicht. Zum anderen militärisch, da sie den Einsatz der Mittel auf das anvisierte Ziel beschränken: »Man fängt keinen Krieg an, oder man sollte vernünftigerweise keinen anfangen, ohne sich zu sagen, was man mit und was man in demselben erreichen will, das erstere ist der Zweck, das andere das Ziel. Durch diesen Hauptgedanken werden alle Richtungen gegeben, der Umfang der Mittel, das Maß der Energie bestimmt, und er äußert seinen Einfluss bis in die kleinsten Glieder der Handlung hinab.«[2]

---

1 Clausewitz: *Vom Kriege*, S. 678.
2 Ebd., S. 642.

Die totalen Kriege des 20. Jahrhunderts haben die Begrenzungen der politischen Ziele niedergerissen, indem sie die vollständige Vernichtung des Gegners als Ziel setzen, seine bedingungslose Kapitulation, die restlose Vernichtung seines Willens zur Weiterführung des Kampfes, ein totaler Sieg, der nur unter Einsatz aller zur Verfügung stehenden produktiven Mittel der Staatenallianzen erreicht werden kann. Doch das ist historisch die Ausnahme und hängt mit einer Art »Retribalisierung« des Krieges zusammen, für die die allgemeine Wehrpflicht, also die Existenz von Massenarmeen, Voraussetzung ist und in der die Differenz von Kombattanten und Zivilpersonen tendenziell wieder aufgelöst wird.

In den »Neuen Kriegen« finden wir das Paradoxon vor, dass in der Regel westliche, intervenierende Mächte einen begrenzten Krieg um faktisch unbegrenzte Ziele führen wollen, einfach deswegen, da sie nicht mehr in der Lage sind, lange und verlustreiche Kriege auf Dauer politisch vermitteln zu können. Dass die Ziele dabei immer mehr diffundieren und Losungen wie »Nation Building« oder »Demokratisierung« tragen, liegt prinzipiell an einem veränderten Verhältnis zum Krieg an sich, dessen Zweck nicht mehr Eroberung, sondern »Befreiung« sein will.[3] Der zentrale Legitimationsgrund von Kriegen ist heute die Anrufung der universellen Menschenrechte geworden. Der humanitäre Aspekt muss den Waffengang stets begrifflich begleiten. Wurden die modernen Kriege propagandistisch zwar immer als Abwehrkriege geführt (selbst Hitler sprach vom Abwehrkampf gegen den Bolschewismus), so hatten sie in der Regel doch nicht das Ziel, den Gegner zu pazifizieren, ihm universelle Menschenrechte zu garantieren oder ihn vom Gesellschaftsmodell des Siegers zu überzeugen. Erst die USA nach 1945 sahen sich als Demokratievermittler und Erzieher Deutschlands und Japans. Dabei war sicher weniger die ideologische »Reeducation« erfolgreich, als es die Annehmlichkeiten der auf freier Marktwirtschaft beruhenden Konsumgesellschaft waren. Seitdem versuchen die USA immer wieder, das 1945 bewährte Modell des »Nation Building« auf Länder wie den Irak oder Afghanistan zu übertragen; vergeblich, wie wir heute wissen.

Offensichtlich gehen die angestrebten Kriegsziele weit über das politisch Machbare hinaus, auch wenn militärisch niemand der US-Armee in offenen Schlachten lange Widerstand leisten kann. Das Problem besteht aktuell nicht im siegreichen Beenden eines Krieges, sondern in den längerfristigen Folgen von Feldzügen, deren Ziele nicht mit den Bedingungen vor Ort kompatibel sind und die auf einen Gegner treffen, dessen Opferbereitschaft und Wille zu siegen unbegrenzt ist.

Im Folgenden werden drei historisch exemplarische Konflikte für den Zusammenhang von Kriegszielen, Kriegsführung und dem Erreichen bzw. dem Verfehlen der – nicht immer klaren – Absichten kurz skizziert. Der Erste Weltkrieg, der von deutscher Seite mit dem Schlieffenplan, der Frankreich in sechs Wochen besiegen sollte, begonnen wurde und dessen Kriegsziele erst im Septemberprogramm von 1914 mehr provisorisch als endgültig festgelegt wurden. Der amerikanische Vietnamkrieg von 1954–73 im Kontext der »Containement-Politik«, deren Kriegsziel darin bestand, den globalen Vormarsch des Kommunismus zu verhindern, bei gleichzeitig begrenztem Einsatz militärischer Kräfte. Schließlich der Zweite Golfkrieg[4], der nach der Besetzung Kuwaits durch die Armeen Saddam Husseins und zahlreichen Ultimaten von Seiten der verbündeten Koalition mit einem raschen Sieg der US-Truppen endete und dessen begrenzte Ziele durch eine UN-Resolution den Verlauf und die späteren Folgen des Krieges bestimmten.

SEPTEMBERPROGRAMM: BERLIN 1914

In den letzten Jahren ist der Erste Weltkrieg vielfach in detailreichen Arbeiten thematisiert und in allen möglichen Perspektiven, kulturell, gesellschaftlich, ökonomisch und psychologisch behandelt worden.

---

3 Diese Verschiebung zeigt sich selbst in kleinen Details. In dem sehr populären Brettspiel »Risiko«, in dem die Spieler mit eigenen Armeen bestimmte Aufträge erfüllen müssen, hieß es noch in der Version der 80er Jahre: »Erobern Sie…«. In der aktuellen Auflage des Spieleklassikers beginnt nun jeder Auftrag mit dem Befehl: »Befreien Sie…«. Offensichtlich ist »erobern« in unserer postheroischen Gesellschaft zu einem Tabubegriff geworden.

4 Die Nummerierung der Golfkriege ist uneinheitlich. Hier wird folgende Nummerierung zugrunde gelegt: Erster Golfkrieg (Iran-Irak 1980-88), Zweiter Golfkrieg (USA/Verbündete-Irak 1991), Dritter Golfkrieg (USA-Irak 2003 ff.).

Das Thema der Kriegsziele spielte dabei eine eher untergeordnete Rolle, vielleicht deshalb, da Fritz Fischers 1961 erschienene Studie *Griff nach der Weltmacht* nach wie vor als Standardwerk gilt, auch wenn seine Thesen von späteren Autoren vielfach kritisiert und in einigen Punkten zudem widerlegt wurden. Seit 2012, dem Erscheinen von *Die Schlafwandler – Wie Europa in den Ersten Weltkrieg zog,* so der deutsche Titel des Buches des australischen Historikers Christopher Clark, ist die alleinige Kriegsschuldthese Deutschlands zumindest in Frage gestellt.

Für den Historiker Fritz Fischer war die Schuld am Ausbruch des Weltkrieges dagegen eindeutig. Er versucht in seiner Studie anhand umfangreichen Quellen- und Aktenmaterials zu zeigen, dass die Reichsregierung unter Kanzler Bethmann Hollweg selbst eine treibende Kraft in den maßlosen Zielen der Kriegspolitik des Kaiserreichs bildete, die durchaus auf breite Zustimmung innerhalb der Führungsschichten des Reiches stieß. Es werden also nicht nur Militär und Schwerindustrie als die üblichen Verdächtigen benannt. Die deutschen Absichten und Forderungen finden bei Fischer im Begriff des *Septemberprogramms* einen Namen, welches für ihn der Ausgangs- und Bezugspunkt für alle strategischen Überlegungen während des Krieges bildete. Es war auch mit der Hauptgrund für alle im Laufe des Krieges gescheiterten Friedensverhandlungen, da alle Parteien Angst hatten, sich eine Blöße zu geben, ein Kompromiss also ausgeschlossen blieb.

Die besondere Bedeutung des *Septemberprogramms* liegt darin, so Fischer, dass »die in dem Programm niedergelegten Richtlinien im Prinzip Grundlage der gesamten deutschen Kriegszielpolitik bis zum Ende des Krieges blieben, wenn sich auch je nach Gesamtlage einzelne Modifikationen ergaben.«[5] Damit unterstellt Fischer eine klare Kriegszielpolitik des Kaiserreiches, die, wie gleich zu sehen, im Fortgang des Krieges und in der politischen Ausrichtung der Vorkriegszeit allerdings schwer erkennbar ist.

Im Mittelpunkt der »vorläufigen Aufzeichnungen über die Richtlinien unserer Politik beim Friedensschluss« vom 9. September 1914 stand die Gründung eines mitteleuropäischen Wirtschaftsverbandes durch eine gemeinsame Zollunion, also ein hauptsächlich wirtschaftliches Ziel. Der AEG-Chef Walther Rathenau, ab August 1914

Leiter der Kriegsrohstoffabteilung, hatte diese Forderung angeregt, um den nach einer Niederlage Frankreichs zu erwartenden lang gezogenen Wirtschaftskrieg mit England bestehen zu können. Die Zollunion sollte Deutschlands Vormachtstellung auf dem europäischen Kontinent sichern. Kritischen Köpfen war aber schnell klar, dass aufgrund der Abhängigkeit Deutschlands vom Welthandel eine rein mitteleuropäische Zollunion niemals konkurrenzfähig sein konnte.

Neben dem wirtschaftlichen Bündnis sollte der deutsche Kolonialbesitz in Afrika erweitert und ausgebaut werden. »Dieses große Überseeprojekt blieb damit grundsätzlich fortan ein Bestandteil der amtlichen deutschen Kriegszielpolitik.«[6] Die Idee eines deutschen Kolonialreiches war ganz auf die erwartete Niederlage Frankreichs abgestellt und sah die Übernahme der französischen Besitztümer in Afrika und Asien vor. Die Annexion der Erzvorkommen von Longwy-Briey und die Festsetzung einer Kriegsentschädigung sollte es Frankreich darüber hinaus unmöglich machen, in Zukunft ausreichende Mittel für die Rüstungsindustrie aufzubringen. Dem Erzfeind sollte keine Chance zur Revanche mehr gegeben werden.

Die beiden schwierigsten Fragen bei der Kriegszielfestlegung waren das besetzte Belgien, das zu einem deutschen Vasallenstaat herabsinken sollte, und insbesondere die Zukunft Polens, die das Verhältnis zum Bündnispartner Österreich-Ungarn von Anfang an belastete. Für Sebastian Haffner waren diese beiden Problemkomplexe der Grund für die vergeblichen Verhandlungen während des Krieges: »Und daran scheiterten alle Friedenschancen, an Belgien die amerikanischen und an Polen die russischen. (...) Was wollte Deutschland mit Belgien und Polen? Es sind die beiden unverständlichsten Aktionen der deutschen Kriegspolitik.«[7]

In der neueren Forschung wird das Septemberprogramm wesentlich weniger verbindlich betrachtet, als das Fischer noch in seinem

---

5 Fritz Fischer: *Griff nach der Weltmacht. Die Kriegszielpolitik des kaiserlichen Deutschland 1914/18*, Düsseldorf 2002 (Orig. 1961), S. 95.
6 Ebd., S. 92 f.
7 Sebastian Haffner: *Die sieben Todsünden des deutschen Reiches im Ersten Weltkrieg*, Bergisch-Gladbach 2001 (Orig. 1964), S. 59.

Buch behauptet. Die meisten Kritiker sind sich einig, dass das Septemberprogramm einen mehr *provisorischen* Charakter hatte, eine quasi nachträgliche Festlegung von Kriegszielen in der Euphorie der ersten Offensiverfolge:

»In Wirklichkeit hatte dieses ›Septemberprogramm‹ keinerlei endgültigen Charakter; es handelt sich um einen Gelegenheitstext, der verfasst wurde, bevor noch die Reichsführung erkannt hatte, dass die am 6. September begonnene Marneschlacht zu einer deutschen Niederlage führen würde. [...] Vor allem aber wollte der Reichskanzler mit diesem Dokument kein territoriales Programm im eigentlichen Sinne aufstellen.«[8]

Neben dem *Septemberprogramm* wurden mit Kriegsbeginn eine Unzahl von Petitionen, Eingaben und Memoranden, die von nationalen Verbänden, einzelnen Abgeordneten und wirtschaftlichen Interessengruppen stammten, der Reichsleitung vorgelegt. »Man watet in Denkschriften«, merkte der Staatssekretär des Reichskolonialamtes im September 1914 an. Am schärfsten formulierten sich die Wünsche und Absichten der so genannten *Kriegszielbewegung* bei den Alldeutschen, einer nationalen und antisemitischen Gruppierung, die unter ihrem Vorsitzenden Heinrich Claß Mitte September eine Handschrift vorlegte, die an Radikalität alle anderen Eingaben übertraf. Zwar verfügten die Alldeutschen lediglich über 25.000 Mitglieder, das war im Verhältnis etwa zu den 300.000 Mitgliedern des Flottenvereins eine kleine Zahl, sie nahmen aber zu einem erheblichen Anteil einflussreiche Positionen in Staat, Armee, Marine, Wirtschaft und Publizistik ein. Die bis vor 1914 versagt gebliebene Weltmachtstellung Deutschlands wurde von den Alldeutschen nicht nur explizit gefordert, der Krieg und der erwartete militärische Sieg sollte das Kaiserreich endlich zur lange ersehnten Hegemonie in Europa führen.

Die Kriegszielbewegung war ab Frühjahr 1915 auch stets gegen einen »faulen Frieden« gerichtet und lehnte gleichzeitig innenpolitische Konzessionen an die SPD ab. Von Frieden oder parlamentarischen Zugeständnissen zu sprechen, war für die Vertreter der Kriegszielbewegung gleichbedeutend mit nationalem Verrat. Als der Krieg immer aussichtsloser und die Ziele immer weiter weg rückten, wurde dem »Verzichtfrieden«, auch »Scheidemannfrieden« (nach dem damaligen außenpolitischen Sprecher der SPD) genannt, der »Siegfrieden« oder »Hindenburgfrieden« gegenübergestellt.

Entscheidend für die Kriegszieldebatte, allein ihr Vorhandensein zeugt von einer Vielzahl konkurrierender Kriegsziele, war die Frage nach dem allgemeinen Charakter des Krieges. Handelte es sich um einen Verteidigungs- oder Annexionskrieg? Da man von Beginn an, trotz der Offensive über das neutrale Belgien, von einem Verteidigungskrieg gesprochen hatte, waren Gebietserweiterungen zumindest propagandistisch ein Vermittlungsproblem. Denn der *Verteidigungstopos* war der wichtigste Impuls für die Durchhalte- und Opferbereitschaft der deutschen Soldaten und des zivilen Hinterlandes. Die Überzeugung eines Präventivkrieges, der das eigene Überleben sichern und die »Einkreisungspolitik« der Entente beenden sollte, war ein mächtiger Faktor für die Gewissheit, moralisch im Recht zu sein.

Waren die deutschen Kriegsziele aber in irgendeiner Weise realistisch und mit der konkreten Kriegführung vereinbar? Und welche Ziele verfolgten die Gegner? Es bleibt zunächst festzuhalten, dass bei Kriegsbeginn keine der führenden europäischen Mächte eine klare Vorstellung territorialer Art hatte, um derentwillen man den Krieg führen wollte.[9] Erst mit Kriegsbeginn wurden auf allen Seiten zumeist maßlose Annexionswünsche formuliert. Man kann in ihnen aber keine wirkliche politische Konzeption erkennen, die der realen Situation eines industriellen Krieges, der im Fortgang zum totalen Krieg führte, angemessen war. Es sind, kommen wir auf die deutsche Seite zurück, mehr utopische Phantasien und manische Ausbrüche als klare räumliche und politische Vorstellungen, die sich in den propagierten Kriegszielen manifestieren. Modris Ekstein kommt in seiner Studie

8   Georges Henry Soutou: *Die Kriegsziele des Deutschen Reiches, Frankreichs, Großbritanniens und der Vereinigten Staaten während des Ersten Weltkrieges: Ein Vergleich*. In: Wolfgang Michalka (Hrsg.): *Der Erste Weltkrieg. Wirkung – Wahrnehmung – Analyse*, Weyarn 1997, S. 29.

9   Territoriale Zugewinne sind für moderne Industriegesellschaften bereits ein Anachronismus an sich und machen nur für Agrargesellschaften einen Sinn. Der Nationalsozialismus nahm die Idee des »Volkes ohne Raum« zwar noch einmal auf, doch in der Wirklichkeit wurde im Kriegsverlauf ein »Raum ohne Volk« geschaffen. Denn es drängte sich praktisch keiner der Volksgenossen danach, im Osten als »Wehrbauer« (Himmler) zu siedeln.

Tanz über Gräben deshalb zum Schluss, »alles, was man hatte, war eine Strategie und eine Vision – die Vision einer Expansion Deutschlands in einem eher existentiellen als physischen Sinne.«[10]

Diese Beobachtung lässt sich insgesamt auf die Politik der wilhelminischen Ära übertragen. Sprung- und operettenhaft wie der Kaiser, von Augenblickseingebungen geleitet und in manisch-depressiven Phasen gefangen, ersetzte die Theatralik allzu oft politisches Handeln. Der Kulturwissenschaftler Wolfgang Schivelbusch betont insbesondere die Realitätsverdrängung der wilhelminischen Politik, die auch als »symbolische Inflation« verstanden werden kann. »Gemeint ist die unter Wilhelm II. ins Theatralisch-Opernhafte auswuchernde Inszenierung von Reich und Nation, deren Suggestivkraft schließlich auf ihre Urheber zurückwirkte.«[11]

So war es vor Kriegsbeginn gerade die fehlende Linie der deutschen Außenpolitik, die den Eindruck einer vollkommen unberechenbaren Macht hinterließ. Nicht ein großer Kriegsplan, sondern unkoordinierte Zieldiffusion. Es war gerade die Richtungslosigkeit der deutschen Außenpolitik, die die verhängnisvolle Seite des Kaiserreichs bildete, da niemand genau wusste, nicht einmal in Deutschland, welche politischen Bündnisse aktuell die Politik bestimmten:

»Der kontinental-politische Drang der großagrarischen Junker musste die russischen, der kolonialpolitische Drang der Großindustriellen die englischen Interessen treffen. Dass beides gleichzeitig betrieben wurde, weil die verschiedenen Richtungen nicht in eine abgewogene Außenpolitik gebändigt werden konnten, hatte jene ›Außenpolitik‹ des ›Sowohl-als-Auch‹ zur Folge, die dem wilhelminischen Reich schließlich die viel beklagte ›Welt von Feinden‹ bescherte und die wilden Expansionsträume der Kriegszeit begünstigte.«[12]

Mit dem Scheitern des Schlieffenplans vor Paris, der in einer riesigen Umfassungsbewegung Frankreich noch vor der russischen Mobilmachung besiegen sollte und dem Rückzug der deutschen Angriffsarmeen an die Marne waren die erst einen Monat später veröffentlichten Kriegsziele im Prinzip bereits obsolet. Dass bis zum Ende daran festgehalten wurde, zeigt den Übergang des von Clausewitz so bezeichneten instrumentellen Krieges in eine existenzielle Auseinandersetzung, in der nur noch die restlose Kapitulation des Feindes am Ende der Kampfhandlungen stehen konnte. Der totale Krieg, in dem alle Kräfte der Koalitionen in die Waagschale geworfen werden, kennt nur ein Kriegsziel: die Vernichtung des gegnerischen Willens und seine Unterwerfung unter das Diktat des Siegers. Für Deutschland war dieses Ziel 1914–18 aber alleine aus ökonomischen Gründen unerreichbar.

CONTAINMENT: VIETNAM 1954–1973

Colonel Harry Summers Junior, der selbst in Vietnam in einer Infanterieeinheit diente, beginnt sein Standardwerk *American Strategy in Vietnam. A Critical Analysis* mit einer Anekdote: »Sie wissen, dass Sie uns nie auf dem Schlachtfeld geschlagen haben.«, so Summers im April 1975 zu einem vietnamesischen Offizier. »Das kann so sein«; antwortet dieser, »doch das ist irrelevant.«[13] Hier wird die entscheidende Veränderung im Kriegsgeschehen seit dem Ende des Zweiten Weltkrieges in einem einzigen Satz benannt: ein militärischer Sieg des auch wirtschaftlich weit Überlegenen bringt keine Entscheidung mehr, wenn der Gegner bereit ist, Opfer zu ertragen, zu denen die andere Seite aus moralischen, politischen und gesellschaftlichen Gründen nicht mehr fähig ist.

Der amerikanische Krieg in Vietnam kann allgemein dadurch gekennzeichnet werden, dass die US-Regierung bis zum Rückzug an einem politischen Ziel festhielt, das unerreichbar war. Die Anzeichen dafür waren früh zu bemerken und es gab auch im Vorfeld und während der langen Kriegsjahre genügend kritische Stimmen und Analysen in der US-Administration, die auf die inneren Widersprüche der Kriegskonzeption hinwiesen. Es blieb über alle fünf Präsidenten

---

10 Modris Ekstein/Bernhard Schmid: *Tanz über Gräben. Die Geburt der Moderne und der Erste Weltkrieg*, Reinbek bei Hamburg 1990, S. 143.
11 Schivelbusch: *Die Kultur der Niederlage*, S. 234.
12 Karl Dietrich Bracher: *Die deutsche Diktatur. Entstehung, Struktur, Folgen des Nationalsozialismus*, Köln 1993 (Orig. 1969), S. 19 f.
13 Harry G. Summers: *American Strategy in Vietnam. A Critical Analysis*, Mineola, New York 2012.

hinweg aber bei der Weigerung, die richtigen Schlüsse aus dem Offenkundigen zu ziehen.

Der Vietnamkrieg war eigentlich ein ungewolltes Erbe der französischen Kolonialzeit. Nach Ende des Zweiten Weltkrieges und der Schmach der Niederlage an der Westfront 1940 wollte Frankreichs Präsident Charles de Gaulle unbedingt die Souveränität über Indochina zurückerobern, das bis zur Kapitulation im August 1945 unter japanischer Herrschaft stand. Obwohl die nationale Befreiungsbewegung, der Vietminh, nach Kriegsende sofort die Demokratische Republik Vietnam ausrief, dauerte die Unabhängigkeit gerade einmal einen Monat. Mit Hilfe amerikanischer Transporter wurden französische und englische Truppen nach Saigon geflogen. Ende 1946 war der Indochinakrieg bereits in vollem Gange, im Dezember begann der Kampf um Hanoi.

Der 32. Präsident der Vereinigten Staaten, Franklin Delano Roosevelt, hatte gegen Ende seiner Amtszeit seine Abneigung gegen die europäischen Kolonialreiche deutlich ausgesprochen. Indochina sollte, so sein Wunsch, nicht mehr an Frankreich zurückgehen. Roosevelt sah in den USA den Repräsentanten der Freiheit in der Welt und den Freund aller nationalen Befreiungsbewegungen. Amerika war in seinen Augen der Garant für die Freiheitsbestrebungen der Völker. Nach seinem Tod im April 1945, noch während des Zweiten Weltkrieges, kam mit Harry Truman ein Präsident an die Macht, der diese Politik änderte, vor allem unter dem Druck der Franzosen und dem raschen Zerwürfnis mit der Sowjetunion. Nachdem de Gaulle drohte, wenn sich die USA in Indochina gegen Frankreich stellten, dann würden sie sein Land eventuell in die Arme Stalins treiben, brach die Rooseveltsche Doktrin der freien Völker schnell in sich zusammen. Letztendlich war es die Angst vor einem kommunistischen Regime in Vietnam, vom Kreml gelenkt, die die amerikanische Politik in der Folge bestimmte. Truman, durch die Annäherung der Chinesen unter Mao Tse-Tung an die Sowjetunion politisch schwer angeschlagen, wollte nun wenigstens in der Frage Vietnam Entschlossenheit zeigen. Es durfte nach China nicht ein weiterer Staat in Südostasien zum Verbündeten der UdSSR werden. Mit Eisenhowers Wahl 1952 wurde der Antikommunismus schließlich die herrschende politische Doktrin im Weißen Haus. Der Koreakrieg Anfang der 50er Jahre hatte bereits eine erste Konfrontation der beiden Systeme ohne einen Erfolg für eine der beiden Seiten gebracht. Im April 1954 erklärte Eisenhower auf einer Pressekonferenz die berühmt gewordene »Dominotheorie«: der Fall Indochinas könne einen Dominoeffekt auf die angrenzenden Länder auslösen und dem Kommunismus zur globalen Ausbreitung verhelfen, was letztendlich die USA und die ganze freie Welt bedrohe. Deshalb sei eine Eindämmungspolitik unabdingbar, die ein Fortschreiten des Kommunismus unmöglich mache. Indochina wurde dabei zur Schlüsselregion ernannt. Die militärischen Kosten oder die Erfolgsaussichten einer solchen »Containment-Politik« wurden aber nicht genauer thematisiert.

Während die amerikanische Regierung bereits weitgehend den Krieg der Franzosen in Vietnam finanzierte, wurde der Indochina-Krieg in Frankreich immer unpopulärer. Der Wille zu siegen und dafür, wenn nötig, unbegrenzte Mittel zu investieren, war auf Seiten der Grande Nation nicht mehr vorhanden. Das französische Kriegsziel, die neuerliche Errichtung eines Kolonialreiches in Indochina, blieb, gemessen an den veränderten Bedingungen, vollkommen unrealistisch. Die vernichtende Niederlage der Franzosen im Dschungel bei Dien Bien Phu und der Sieg der Vietminh führten schließlich zum Waffenstillstand im Juli 1954 und den darauf folgenden Verhandlungen in Genf. Dabei wurde die Unabhängigkeit von Laos und Kambodscha bestätigt und Vietnam am 17. Breitengrad geteilt, allerdings mit der Verpflichtung der Regierungen in Saigon und Hanoi, innerhalb von 2 Jahren allgemeine Wahlen abzuhalten. Dazu kam es aber nie.

Weder Amerika noch der kommunistische Norden dachten daran, sich mit den Genfer Vereinbarungen abzufinden. Die USA strebten als Kriegsziel an, eine nichtkommunistische Regierung in Südvietnam zu errichten und den Sieg des Nordens zu verhindern. Trotz des warnenden Beispiels der Franzosen versuchten die amerikanischen Strategen einen »begrenzten Krieg« zu führen, während die Kommunisten die nationale Unabhängigkeit eines vereinten Vietnam zum Ziel hatten und entschlossen waren, bis zum Ende zu kämpfen. »Einen

Krieg zu führen, den man nicht unter vollem Einsatz auch wirklich gewinnen will, hatte schon der Oberkommandierende in Korea, General McArthur, mit den Worten verdammt, dass es keinen Ersatz für einen Sieg gebe.«[14]

Zunächst erfolgten aber neben der Finanzierung, logistischer Hilfe und immenser Waffenlieferungen nur lokale, so genannte »verdeckte Operationen« zur Unterstützung der regulären südvietnamesischen Truppen. Der in Südvietnam eingesetzte Guerilla, der Vietcong, zählte 1960 etwa 10.000 Mann, dehnte aber seinen Einflussbereich mit brutaler Härte gegen feindlich eingestufte Kräfte sukzessive aus. Beamte und Funktionsträger der südvietnamesischen Regierung wurden zu Hunderten liquidiert oder entführt. Verstärkung erhielt der Vietcong unaufhörlich durch einsickernde Kämpfer aus Nordvietnam, vor allem einst geflohene südvietnamesische Kommunisten. Der bekannte Ho-Chi-Minh-Pfad durch Laos sicherte die Versorgung mit Waffen und Kämpfern.

Im November 1963, inzwischen war J. F. Kennedy Präsident der USA, kam es zum Putsch und zur Ermordung des ungeliebten Präsidenten Südvietnams Ngo Dinh Diem. Es begann eine Phase der Staatsstreiche und Wirrungen, ein militärischer und politischer Zusammenbruch Südvietnams lag drohend in der Luft. Die Führung der USA hatte bereits zuvor, ohne Rücksprache im Kongress, mit einer Verstärkung ihrer Kampfeinheiten und der Luftwaffe auf die militärische Schwäche Südvietnams geantwortet. Ein eigenes Hauptquartier, das *Military Assistance Command Vietnam* (MACV), wurde im Februar 1962 gegründet. Manche Beobachter sehen darin das eigentliche Datum für den Kriegsbeginn. Vergeltungsangriffe auf den (angeblichen) Angriff auf einen US-Zerstörer im Golf von Tonking markieren den ersten Militäreinsatz auf nordvietnamesischem Territorium: »Dies war ein Krieg der Regierung, ohne Genehmigung durch den Kongress und, wenn man die Ausflüchte und Dementis des Präsidenten bedenkt, praktisch ohne Wissen der Öffentlichkeit, obgleich er ganz unbemerkt nicht blieb.«[15]

Nach Kennedys Ermordung wurde Lyndon B. Johnson der nächste Präsident der USA. Noch 1964 äußerte er sich vor der Presse: »Wir wollen unter keinen Umständen einen Landkrieg in Asien und werden unsere Boys nicht 15.000 Kilometer entfernt in den Einsatz schicken.« 1967 standen dann aber bereits über 500.000 US-Soldaten in Vietnam. Die Kriegführung im unübersichtlichen Terrain des Dschungels und die unklaren Fronten erforderten neue Taktiken und Kampfweisen. Die »Counterinsurgency«, also die Aufstandsbekämpfung im Inneren des Landes, benötigte spezielle Einheiten, die der Abwehr der Gefahr aus einem besetzten Territorium dienen, ähnlich der Partisanenbekämpfung im Zweiten Weltkrieg. Der US-General Westmoreland prägte dafür die berühmte Formel: »Search and Destroy«, eine militärische Taktik, die nicht die Kontrolle eines Gebietes, sondern in erster Linie die Vernichtung von Kräften des Gegners zum Ziel hatte. Der so genannte »Body Count« wurde in Vietnam zur Richtlinie des Fortschritts der eigenen Erfolge. Eine reine Zermürbungsstrategie trat an die Stelle klarer militärischer Ziele.

Trotz pausenloser Luftangriffe und des Einsatzes chemischer Entlaubungsmittel (Agent Orange) war die weit überlegene US-Armee aber nicht in der Lage, den Gegner entscheidend zu schwächen. Dafür war auch die Topografie und die Umwelt, in der die Kämpfe stattfanden, entscheidend: der dichte Dschungel Vietnams ließ die überlegene ökonomische Macht der USA nicht zum Tragen kommen, der Feind blieb unsichtbar und jederzeit angriffsbereit. Hinzu kam die Primitivität der vietnamesischen Wirtschaft, die mit Bomben, anders als die Infrastruktur entwickelter Gesellschaften, nicht zu zerstören war. Es fehlten einfach Ziele, die einen Einsatz lohnten. So blieben massive Flächenbombardierungen mit hohen Opferzahlen der vietnamesischen Zivilgesellschaft, die schließlich die Zustimmung der amerikanischen Öffentlichkeit für den Waffengang bröckeln ließ.

Der nationale Aufstand und der Partisanenkrieg der Vietcong ließen die Kriegslandschaft unüberschaubar werden. Der Vietcong führte einen revolutionären Partisanenkrieg, mit regulären Truppen

---

14 Hans Walter Berg: »Indochina im Wandel der Machtkonstellationen«, in : *Das Zwanzigste Jahrhundert III*, Band 36, Augsburg 1998, S. 231.
15 Barbara Tuchmann: *Die Torheit der Regierenden. Von Troja bis Vietnam*, Frankfurt a. M. 2012, S. 373.

und gleichzeitig mit individuellen terroristischen Mitteln: »Es gab keine Front, sondern eine Gegenüberstellung regulärer Armeen, von denen eine in Partisanenmanier operierte, anders gesagt strategisch defensiv und taktisch offensiv; die Gefechte reichten von dem einzelnen Attentat gegen eine dem Saigoner Regime verbundene Person oder der Hinrichtung eines Agenten des Vietcong (oder Verdächtigen) bis zu Operationen, die mehrere tausend Mann auf jeder Seite umfassten.«[16]

Im Zweiten Weltkrieg kamen die USA als Befreier nach Europa und wurden in der Regel freudig, selbst von den Besiegten, empfangen. Sie hatten den größten Krieg aller Zeiten siegreich beendet, fühlten sich als die Schutzmacht der freien Welt. Das Selbstbewusstsein nach 1945 war enorm. Wie sollte da ein vergleichsweise winziges Land wie Vietnam erfolgreich Widerstand leisten können? Inzwischen hatten sich aber die Bedingungen des Sieges entscheidend verändert. Die antikolonialistischen Befreiungsbewegungen zeigen deutlich, dass die Kriegsziele des Gegners bei der eigenen Planung berücksichtigt werden müssen. Nordvietnam bestand auf einem unabhängigen und vereinten Vietnam, die USA wollten Südvietnam als nichtkommunistischen Staat erhalten, letzterer war von Anfang an aber ein politischer Kadaver, nicht lebensfähig. Darüber hinaus hatten die USA noch keinerlei Erfahrung mit Kolonialkriegen, sieht man von der Epoche der Indianerkriege ab, die weit in der Vergangenheit lag. Der Feind ließ sich in Vietnam nicht durch die Drohung einschüchtern, den Krieg zu steigern, denn er war bereit, praktisch jedes Opfer für sein Kriegsziel zu bringen. Das Kriegsziel der USA, Eindämmung des Kommunismus und Fortbestand Südvietnams bei Einsatz begrenzter Kräfte, ließ einen Sieg aber von vornherein unwahrscheinlich werden:

»Die Schwierigkeit bestand darin, dass sich das begrenzte Kriegsziel, Nordvietnam zu veranlassen, sich aus Südvietnam herauszuhalten, mit einem begrenzten Krieg nicht erreichen ließ. Der Norden hatte nicht die Absicht, sich mit einem nicht-kommunistischen Süden abzufinden; da man ein solches Zugeständnis nur mit einem militärischen Sieg hätte abnötigen können und da die Vereinigten Staaten einen solchen Sieg nicht herbeiführen konnten, ohne sich auf einen totalen Krieg und eine Invasion einzulassen, wozu sie wiederum nicht bereit waren, war das amerikanische Kriegsziel unerreichbar.«[17]

Die *Time* schrieb bereits am 15. März 1968, man müsse wahrscheinlich anerkennen, »dass ein Sieg – oder auch nur ein günstiges Übereinkommen – möglicherweise einfach außerhalb der Reichweite der größten Weltmacht liegt.« Diese Aussage wirkte wie eine Art Schock. Dass eine führende amerikanische Zeitung eine solche Prognose abgeben konnte, zeigt die veränderte Rolle der Medien bzw. der Öffentlichkeit. Auch die Führung eines begrenzten Krieges ist ohne den nationalen Willen dazu nicht denkbar. Blieben die Proteste gegen den Vietnamkrieg zu Beginn auf wenige linke Kräfte beschränkt, weitete sich der Widerstand innerhalb der amerikanischen Gesellschaft mit Fortdauer des Krieges immer weiter aus. Insbesondere das Massaker an der Zivilbevölkerung in My Lai 1968 erregte große Abscheu in der amerikanischen Öffentlichkeit. Interessanterweise, das nur als Einschub, stand diese Empörung im deutlichen Gegensatz zu den verheerenden Bombenangriffen in Hamburg 1943 oder Dresden 1945, auch Hiroshima oder Nagasaki brachten keine vergleichbaren Reaktionen in den USA hervor. Offensichtlich sah man letztere Angriffe als gerechtfertigt an. Erstaunlich ist auch, dass der Terror und die Verbrechen der Vietcong bis heute kaum Erwähnung im Westen finden. Die hier zutage tretende moralische Asymmetrie wird uns im Fortlauf noch beschäftigen (vgl. Kap. 5.3). In der Reaktion auf die Verbrechen in My Lai wird ein grundsätzliches Dilemma erkennbar, das 1945 offensichtlich noch nicht galt:

»Postheroische Gesellschaften können die Lasten einer heroischen Kriegsführung nicht mehr tragen, aber sie verabscheuen in der Regel auch die Begleiterscheinungen einer unheroischen Kriegsführung.«[18]

Neben den Bildern und TV-Berichten aus Vietnam hat die amerikanische Gesellschaft nichts mehr gespalten als die ungerechte Einziehungspraxis. Bereits 1948 hatten die USA die allgemeine Wehrpflicht

---

16 Aron: *Clausewitz. Den Krieg denken*, S. 511.
17 Tuchmann: *Die Torheit der Regierenden*, S. 413.
18 Herfried Münkler: *Der Wandel des Krieges. Von der Symmetrie zur Asymmetrie*, Weilerswist 2006, S. 70.

wieder eingeführt. In der Realität galt sie aber nur für einen Teil der potenziellen Rekruten. In einem der bekanntesten Vietnamfilme des Regisseurs und ehemaligen Infanteriesoldaten Oliver Stone, *Platoon*, machen sich nicht umsonst in einer der Anfangsszenen die hauptsächlich schwarzen Soldaten der amerikanischen Unterschicht darüber lustig, dass der aus gutem Hause stammende College-Student Chris sein Studium aufgegeben und sich freiwillig für den Einsatz bei den Bodentruppen gemeldet hat. Eine Ausnahme in einem Krieg, in dem jeder, der konnte, sich für die Dauer seines Studiums frei stellen ließ und die weniger privilegierten Schichten den Krieg führten. Eine Tatsache, die mitverantwortlich für die innere Zerrissenheit der amerikanischen Gesellschaft auch über den Krieg hinaus war. Um die Ungerechtigkeiten bei der Einziehung zu beseitigen, wurde ab Dezember 1969 ein Lotteriesystem (»Draft Lotteries«) eingeführt, um die Reihenfolge der Wehrdienstpflichtigen festzulegen, ein Novum in der Kriegsgeschichte.

Einen Krieg erfolgreich zu führen bedeutet auch, dass die Ziele des Krieges den Soldaten sinnvoll und kohärent erscheinen. In Vietnam schwand die Motivation der Wehrpflichtigen rasch. Auflösungserscheinungen wie massenhafter Drogenkonsum (man spricht von 40.000 Heroinabhängigen im Lauf des Krieges), Korruption, Prostitution und Desertion, das alles waren Hinweise auf den Zerfall der Motivation bei den Truppen. Es wusste einfach niemand mehr, warum und wozu dieser Krieg geführt wurde:

»Der Krieg zielte weder auf einen Gewinn irgendeiner Art noch auf die Verteidigung der Nation. In einem solchen Falle wäre die Sache einfacher gewesen, denn es ist leichter einen Krieg durch Eroberung eines Territoriums oder Vernichtung der Truppen und Hilfsmittel eines Feindes zu beenden, als mit Hilfe überlegener Stärke ein Prinzip durchzusetzen und dies nachher als Sieg zu bezeichnen.«[19]

Ein auf der einen Seite begrenzter Krieg, der vom Gegner unbegrenzt geführt wird, kann nicht siegreich beendet werden. Die Regierung der USA war nicht bereit, obwohl führende Generäle das forderten, weitere Truppen nach Vietnam zu senden. Der Einsatz nuklearer Waffen wurde rasch verworfen. Nach der Tet-Offensive der Vietcong 1968 war den meisten klar, dass der Krieg verloren war. Letztlich ging es nur noch um die Frage eines halbwegs geordneten Rückzuges der US-Truppen. Das Pariser Waffenstillstandsabkommen 1973 kam dann praktisch zum selben Ergebnis wie 1954. Bis dahin waren 45.000 Tote und 300.000 Verwundete auf amerikanischer Seite und ca. 2 Millionen Tote auf vietnamesischer Seite zu beklagen. Das Abkommen verlangte den Abzug der 500.000 US-Soldaten und untersagte allen Fremdmächten die militärische Einmischung in Laos und Kambodscha. Parallel zum Abzug wurden von den USA aber eine massive Rüstungshilfe für Südvietnam und die Verdopplung seiner Streitkräfte auf fast 1 Million forciert. Ohne Erfolg, wie die Kapitulation Südvietnams zwei Jahre später zeigte.

Amerika, so heißt es, verlor in Vietnam seine Tugend. Vietnam war aber auch der Beweis dafür, dass die bisherige militärische Strategie den neuen Anforderungen des Krieges nicht mehr gewachsen war: »Ein Land der liberalen Demokratie führt nicht unendlich lange einen Kolonialkrieg zum einzigen Zweck, entgegen seinen Grundsätzen eine teure und umstrittene Souveränität über eine nicht anzupassende Bevölkerung aufrechtzuerhalten.«[20]

In Zukunft, so die Lehre aus Vietnam, mussten die Kriege kurz und schnell geführt werden, jede Ausdehnung und Dauer spielte dem Gegner in die Hände, wenn dessen Opferbereitschaft unbegrenzt ist. Zugleich müssen die Ziele flexibel an die Kriegführung angepasst werden, wenn man sich nicht von seiner eigenen Strategie in Geiselhaft nehmen lassen will. Die Antwort der amerikanischen Strategen lag nach Vietnam in einer enormen Steigerung der technischen Kompetenz mit dem vorrangigen Ziel, eigene Verluste zu vermeiden. Das Ideal ist dabei der opferlose totale Luftkrieg. Der Kosovo-Krieg 1999, zuvor aber Kuwait 1991, schien diese Strategie für eine kurze Zeit zu bestätigen.

DESERT STORM: KUWAIT 1991

Am 22. September 1980 beginnen irakische Streitkräfte mit massiven Luftangriffen auf die Flugplätze der großen iranischen Städte und

---

19 Tuchmann: *Die Torheit der Regierenden*, S. 428.
20 Aron: *Clausewitz. Den Krieg denken*, S. 510.

rückten gleichzeitig mit mehr als 100.000 Soldaten in die erdöl-
reiche Provinz Chuzestan vor. Der Feldzug war als eine Art Blitzkrieg
geplant und sollte nach dem Willen der Führung, wie später gefundene
Dokumente irakischer Offiziere zeigten, gerade einmal 14 Tage
dauern.[21] In der Realität wurde er, ähnlich dem Ersten Weltkrieg, zum
Stellungs- und Abnutzungskrieg, mit Hekatomben von Toten, insbesondere auf iranischer Seite, die ohne Rücksicht auf ihre Soldaten
und Freiwilligenverbände, den Pasdaran, über die Jahre zahlreiche
Gegenoffensiven startete. Für Entsetzen in den westlichen Medien
sorgte vor allem der Einsatz von Minderjährigen, den Basitschi, die
bei der Durchquerung von feindlichen Minenfeldern als menschliche Sprengkommandos oder als Angriffswellen auf stark ausgebaute
irakische Stellungen eingesetzt wurden. Den Eltern der »Märtyrer«
wurden dabei Geldprämien für den Tod ihrer Kinder versprochen.
Eine halbe Million Plastikschlüssel aus Taiwan importiert, von den
Basitschi als Anhänger getragen, sollten nach dem Tod die Pforten ins
Paradies öffnen.[22]

Die hier »Erster Golfkrieg« genannte Auseinandersetzung war ein
Hegemonialkrieg zwischen Sunniten und Schiiten, er ging um die Vor-
herrschaft unter den Staaten des mittleren Ostens, aber auch um die
öl- und gasreichen Regionen des Gebietes. Saddam Hussein hatte auf
die Schwäche des Irans nach der Revolution gehofft, aber offensichtlich den Willen und die Opferbereitschaft der iranischen Gotteskrieger
unterschätzt. Kurz nach Kriegsbeginn war der Irak fast nur noch in
der Defensive, trotz umfangreicher Waffenlieferungen westlicher
Staaten, die eine weitere Islamisierung und den Export der iranischen
Revolution fürchteten. Die Bilder des Treffens von Saddam Hussein
mit dem damaligen Sonderbeauftragten für den Irak, dem späteren
US-Verteidigungsminister Donald Rumsfeld, sind aus dieser seltsamen
Koalition geblieben.

Nach acht Jahren blutigen Ringens trat die Erschöpfung der beiden
Gegner ein. Im August 1988 kam es zum Waffenstillstand, ein Friedensvertrag existiert bis heute nicht. Verlässliche Quellen sprechen von
bis zu 1 Million Toten, am Ende blieb praktisch alles beim Vorkriegs-
zustand. Die Folgen für den Irak (wie auch den Iran) waren aber eine

immense Verschuldung: 452 Milliarden US-Dollar, eine Summe, die die Öleinnahmen eines Jahres bei weitem übertraf.

Das ist, kurz skizziert, der Hintergrund für den Zweiten Golfkrieg der USA und ihrer Verbündeten gegen den Irak. Saddam Hussein sah sich nach dem Waffenstillstand 1988 als Verteidiger der Golfstaaten und ihrer Scheichtümer, da er in seinen Augen die islamische Revolution ganz alleine aufgehalten hatte. Der Beschützer der arabischen Welt, so die Sicht des irakischen Führers, erwartete ein Entgegenkommen, da der Irak eine erhebliche Schuldenlast bei seinen ehemaligen arabischen Unterstützern abzutragen hatte. Kuwait und andere arabische Länder gewährtem dem Irak zwar massenhaft Kriegskredite, pochten aber nach Kriegsende auf die Einhaltung der Verbindlichkeiten, während der Irak einen Schuldenerlass und neue Kredite forderte. Zudem bestand Saddam Hussein auf einer Drosselung der Ölquoten, um den Preis des Rohöls auf dem Energiemarkt zu erhöhen, da der Irak dringend Devisen brauchte. Kamran Mofid vermutet, dass Saddam Hussein davon ausging, »dass Saudi-Arabien und Kuwait weitere Hilfe leisten und günstige Rückzahlungsbedingungen einräumen würden«.[23] Das war ein folgenreicher Irrtum.

Am 2. August 1990 griff der Irak schließlich mit etwa 100.000 Soldaten Kuwait an, eroberte rasch die wichtigsten Erdölgebiete und setzte eine Marionettenregierung ein. Eine Woche nach dem Angriff wurde die Annexion Kuwaits verkündet. Wenige Stunden nach der Invasion verabschiedete der UN-Sicherheitsrat bereits die Resolution 660: sie verlangte den sofortigen Rückzug der irakischen Truppen aus Kuwait. Vier Tage später wurden Wirtschaftssanktionen gegen den Irak verhängt, während Saudi-Arabien und die Vereinigten Arabischen Emirate die USA um die Stationierung von Truppen in ihren Ländern ersuchten. US-Präsident Bush kündigte darauf mit der Operation

21 Henner Fürtig: *Der irakisch-iranische Krieg. Ursachen - Verlauf - Folgen*, Berlin 1992, S. 62.
22 Bahman Nirumand: » Krieg, Krieg, bis zum Sieg «. In: Anja Malanowski (Hrsg.): *Irak Irak. Bis die Gottlosen vernichtet sind*, Reinbek bei Hamburg 1987, S. 95. Basitschi bedeutet übersetzt: »Mobilisierte der Unterdrückten«.
23 Vgl. Kamran Mofid: »Economic Reconstruction of Iraq«, in: *Third World Quarterly*, London 1990, S. 13.

»Desert Shild« eine strategische Defensive an, um den Irak an weiteren Eroberungen zu hindern. Dass »Ungläubige« im Land der heiligen Stätten Mekka und Medina Soldaten stationierten, sollte noch vielfache Kritik der islamischen Welt einbringen, auch Osama bin Laden kam auf diesen Punkt in seinen Video-Ansprachen immer wieder zurück.

Nach dem Vietnamkrieg und der schmerzhaften Niederlage war für die US-Regierung klar, dass man erstens keine Kriege von Dauer mehr führen konnte, aber insbesondere auch die Unterstützung der eigenen Bevölkerung als auch der Weltöffentlichkeit für die Legitimation eines Waffenganges dringend benötigte. Die Bildung einer Anti-Irak-Koalition war deshalb das vorrangige Ziel. Am Ende waren 34 Länder daran beteiligt, darunter auch einige arabische. Der aktive Einsatz der Bundeswehr an einem militärischen Einsatz außerhalb des NATO-Gebiets galt – zumindest 1991 – als nicht verfassungskonform. Deutschland finanzierte dafür die Kriegsführung der Koalition mit 17 Milliarden Dollar. Drei Viertel der 660.000 Soldaten stellten die US-Streitkräfte.

Wenn die amerikanischen Strategen aus dem Vietnamkrieg entscheidende Schlüsse gezogen hatten, dann auch vor allem, dass es galt, die eigenen Opferzahlen so gering wie möglich zu halten. Die Lösung dafür lag in der extremen Steigerung und Perfektionierung der technischen Kampfmittel. Der Luftkrieg war das Ideal einer Kriegführung, die Tote auf der eigene Seite minimierte. Mit den neuen satellitengestützten Raketen und Cruise Missiles, heute mit ferngesteuerten Drohnen, waren Präzisionsangriffe möglich, die auch die Verluste der gegnerischen Zivilpersonen minimieren sollten. Denn auch massenhaft Tote auf Seiten der Angegriffenen, wie in Vietnam, konnten der Weltöffentlichkeit nur schwer vermittelt werden. Der Unterschied zu Vietnam bestand aber darin, dass Saddam Hussein als eindeutiger Aggressor galt, der ein wehrloses Kuwait besetzte.

Trotz zahlreicher UN-Ultimaten an den Irak, seine Truppen aus Kuwait abzuziehen, weigerte sich Saddam Hussein oder stellte im Gegenzug Forderungen, die die andere Seite niemals akzeptieren konnte. Im Januar 1991 beschloss der US-Kongress, die UN-Resolution 678, die die Mitgliedsstaaten der UN ermächtigten, Kuwait mit militärischer Gewalt zu befreien, umzusetzen. Im Gegensatz zu Vietnam zeigte der Zweite Golfkrieg eine klare, begrenzte Definition der Kriegsziele, die nicht nur national, sondern auch von der UN ausdrücklich unterstützt wurden: die Befreiung Kuwaits und die Zurückdrängung der irakischen Armee in ihre Ausgangsstellungen ohne aber die Eroberung und Besetzung des Territoriums des Irak. Der Zweite Golfkrieg war im Sinne von Clausewitz die Durchsetzung eines politischen Willens mit gewaltsamen Mitteln auf ein begrenztes Ziel, über dessen Legitimität weitgehend Konsens herrschte.

Dass der Feldzug schließlich so rasch entschieden wurde, lag vor allem an einer technologischen Revolution, die insbesondere die erste Phase des Krieges bestimmte. Mit Präzisionswaffen wurde aus der Luft faktisch die komplette Infrastruktur des Irak zerstört, zunächst insbesondere sein eigenes Luftverteidigungssystem und die Flugplätze, danach Versorgungs- und Militäreinrichtungen, Scud-Raketensysteme, aber auch Elektrizitätsanlagen, Häfen, Ölraffinerien, Pipelines und Brücken. Die komplette Energieversorgung des Iraks fiel innerhalb weniger Tage aus. Die irakische Luftabwehr war ausgeschalten, bevor sie den Eindringling überhaupt bemerkte. Vor der eigentlichen Bodenoffensive mit dem Codewort »Desert Storm« vernichtete die US-Luftwaffe dann die gepanzerten Truppen der Iraker, eine Massenflucht bzw. die Desertion von Teilen der irakischen Armee waren die unmittelbaren Folgen. Der Einsatz von chemischen Waffen, von der US-Seite befürchtet, fand dagegen nicht statt. Hundert Stunden nach Beginn der Bodenoffensive wurde Kuwait City am 27. Februar befreit. Ein paar Tage später trat der Waffenstillstand in Kraft. Zuvor hatten die amerikanischen Truppen den irakischen Armeen schwere Verluste auf ihrem Rückzug zugefügt. Der später so genannte »Highway of Death« kostete unzählige Soldaten das Leben.

Das Kriegsziel der US-Streitkräfte und ihrer Verbündeten, die militärisch aber nur eine geringe Rolle spielten, war mit der Vertreibung der Iraker aus Kuwait erreicht. Der Sieg war praktisch ohne eigene Verluste in die Hände der Verbündeten gefallen. Die UN-Resolution hatte die Befreiung Kuwaits zum Inhalt, nicht aber die Eroberung des Irak oder ein Eindringen auf sein Territorium. Die Truppen des Oberbefehlshabers der Koalitionsstreitkräfte, General Norman Schwarzkopf, hielten deshalb an der irakischen Grenze an. Das gab Saddam Hussein die Möglichkeit, Aufstände der Kurden und Schiiten im eigenen Land blutig niederzuschlagen. Die Flugverbotszonen sollten die Jahre danach die schiitischen und kurdischen Bevölkerungsteile im Nord- und Südirak schützen. Retrospektiv mag man das Stehenbleiben der Koalition als strategischen Fehler betrachten, da der erfolgreiche Kriegsverlauf nicht zu einer politisch dauerhaften Befriedung der Region führte:

»Das wiederum hatte seinen Grund wahrscheinlich in der Begrenztheit der Ziele, um derentwillen der Krieg im Januar und Februar 1991 geführt worden war: die Befreiung Kuwaits und die Vernichtung des irakischen Potenzials an Massenvernichtungswaffen. Man hatte sich auf defensive Zielsetzungen, also das Zurückdrängen des Irak, beschränkt, um einen Krieg führen zu können, bei dem es nicht zur völligen Niederwerfung des Gegners kommen musste.«[24]

Wenn im Rückblick auch die Hoffnung der USA, die Region würde sich nach der Vertreibung Saddam Husseins von selbst eine neue, stabile Ordnung geben, vergeblich war, hatte der erfolgreiche Feldzug doch den Effekt, dass der Glaube an die militärische Überlegenheit von Neuem gestärkt wurde. Mit der neuen Militärdoktrin, den Präzisionswaffen, elektronischer Steuerung und Überwachung, ließen sich, so die Überzeugung, auch asymmetrische Kriege wieder führen und gewinnen. Das Trauma von Vietnam war für eine kurze Zeitspanne vergessen. Der Kosovokrieg 1999 schien eine weitere Bestätigung der Überlegenheit des Luftkrieges, da hier die Kriegsentscheidung ohne den Verlust eines einzigen Soldaten der NATO herbeigeführt wurde. Dazwischen lagen aber Mogadischu 1993 und der Abzug der amerikanischen Truppen aus Somalia, einem Land, das sich in einem grausamen Bürgerkrieg befand. Der Film *Black-Hawk-Down* des US-Regisseurs Ridley Scott zeigt eindringlich, dass Verluste amerikanischer Soldaten, die von einem fanatischen Mob tot an Seilen durch die Straßen Mogadischus geschleppt werden, für eine geschockte Öffentlichkeit nicht mehr verkraftbar waren. Der danach erfolgte Abzug der US-Streitkräfte aus Somalia hat insbesondere in der arabischen Welt die Gewissheit gestärkt, dass die amerikanischen Truppen nicht mehr in der Lage sind, Opfer zu bringen. Aus Somalia konnte nur ein Schluss gezogen werden: Opferbereite Gesellschaften können siegen, wenn sie dem zivilisierten Gegner schmerzhafte Verluste zufügen. Das war bereits die Erfahrung von Vietnam, die heute über Somalia, Afghanistan bis zum Irak eine Bestätigung fand.

Der Zweite Golfkrieg war nach 1945 eine der wenigen Ausnahmen in einem Kriegstheater, das die Auseinandersetzungen der Nachkriegsära bestimmt. Im Krieg 1991 wurden zwar die Kriegsziele erreicht, der Frieden aber auf Dauer nicht gewonnen. Aufgrund dieses Missverhältnisses zielten die neuerlichen Kriege der USA nach *Desert Storm* auf nichts weniger als die Neugestaltung des Mittleren Ostens, orientiert am Vorbild Europas nach 1945. Der Dritte Golfkrieg, im März 2003 von einer »Koalition der Willigen« begonnen und von manchen als völkerrechtswidriger Krieg eingestuft, wurde nicht umsonst von dem Slogan *Operation Iraqui Freedom* begleitet. Das weit gefasste Kriegsziel hieß jetzt »Regime Change« und »Nation Building«, wenngleich die (angebliche) Existenz von Massenvernichtungswaffen als der eigentliche Grund vorgeschoben wurde.

In Vietnam lautete das Motto der US-Truppen noch »Search and Destroy«, also finden, angreifen und vernichten. Im Dritten Golfkrieg lag der Fokus, wie der amerikanische Befehlshaber General Petraeus klar stellte, nicht mehr auf dem Feind. Die Hauptaufgabe ist es jetzt, für die einheimische Bevölkerung Sicherheit zu schaffen. Das neue Motto lautet: »Clear, Hold and Build«, also säubern, halten und danach staatliche Strukturen und Sicherheitskräfte aufbauen, um für Vertrauen bei der Zivilbevölkerung zu werben.

Im Zweiten Golfkrieg in Kuwait besaßen die US-Truppen eine so große militärische Überlegenheit, dass sie praktisch keine Verluste erlitten. Mindestens 100.000 irakischen standen während der Operation »Desert Storm« bei den Alliierten 237 im Kampf gefallene Soldaten gegenüber. Diese extreme Asymmetrie der Verluste erinnert an die Kolonialkriege früherer Zeiten, etwa an den Aufstand der Mahdis 1898

24 Herfried Münkler: *Der neue Golfkrieg*, Reinbek bei Hamburg 2003, S. 96.

im Sudan, den englische Truppen mithilfe von Maschinengewehren in der Schlacht von Omdurman blutig beendeten. Der waffentechnologische Vorsprung fordert kaum mehr Opfer als ein großes Manöver. Im Dritten Golfkrieg 2003 stiegen die Opferzahlen nach der Verkündigung des Sieges durch George W. Bush an und übertrafen diejenigen, der in den eigentlichen Kampfhandlungen Gefallenen, um ein Vielfaches. Der Krieg nähert sich wieder einem ubiquitären Prinzip an. Unklare Fronten, schnelle Vorstöße, die Unsichtbarkeit des Feindes, seine Nichtakzeptanz der militärischen Niederlage, Opferbereitschaft um jeden Preis. Mit dem radikalen Islam, mit Selbstmordattentätern und Terroraktivisten sind die weit gefassten Kriegsziele (Nation Building, Demokratisierung, Befriedung der Region) zur reinen Chimäre geworden. Wir haben es beim radikalen Islam mit einem Typus des Feindes zu tun, der in den von uns vertrauten Kategorien von Krieg und Frieden nicht mehr zu fassen ist (vgl. Kap. 5.1). Einen Krieg zu führen, »ohne sich zu sagen, was man mit und was man in demselben erreichen will«, um noch einmal Clausewitz zu zitieren, lässt einen Sieg aber unwahrscheinlich werden. Er setzt eine realistische Einschätzung der eigenen (moralischen) Stärken, der mentalen Verfassung und der darauf basierenden Ziele voraus. Eine postheroische Gesellschaft stößt hier aktuell in der Konfrontation mit religiös aufgeladenen Gemeinschaften der Ehre an ihre Grenzen.

IV. MENTALITÄTEN

POSTHEROISMUS

Im Krieg werden von einem Gemeinwesen Charakterzüge verlangt, die sich eklatant von denen im Frieden unterscheiden, insbesondere dann, wenn es sich um eine existentielle Auseinandersetzung handelt. Um hier siegreich zu sein, braucht es eine bestimmte Mentalität, deren Verlust und Fehlen die aktuellen Konfliktlinien bestimmt.

Das führt zu einem zentralen Punkt hinsichtlich der Frage nach einer möglichen Siegermentalität: der eigenen *Selbstgewissheit*. Aus ihr resultiert all das, wessen es bedarf, um in einem bewaffneten Konflikt zu bestehen: Selbstbewusstsein, Wille, Durchhaltevermögen, Leidensfähigkeit und Zuversicht. In vordemokratischen Zeiten reichte es oftmals, wenn diese Wesensmerkmale in einer einzelnen Person zusammenfanden. Gustav Adolf, Friedrich II., der Große, oder Napoleon Bonaparte mögen dafür als Beispiele gelten.

Spätestens seit dem amerikanischen Unabhängigkeitskrieg jedoch stehen nicht mehr Könige und Kaiser für das Volk ein, sondern das Volk ist selbst für sich verantwortlich. Seine Selbstgewissheit bezieht es aus der historischen Überlieferung und uralten Mythen, aus denen es sein Selbstbild formt und hinter denen es sich im Kriegsfall versammelt. Wozu solche »traditionellen Gesellschaften« imstande sind, beweisen einerseits die britische und die sowjetische Bevölkerung während des Zweiten Weltkriegs, wie auch die vietnamesische im Verlauf ihres dreißigjährigen Befreiungskampfes. Japan und das Dritte Reich zeigen andererseits, dass ein pathologisch übersteigertes Selbstbild und eine Verabsolutierung des Willens in die Katastrophe führen können.

Seit 1945 gilt in Nachkriegsdeutschland der Volkswille per se als verdächtig, wenn nicht gar als nationalistisch kontaminiert. Das wiederum versperrt den Weg hin zu einem geläuterten und im europäischen Zusammenhang normalisierten Verhältnis der Deutschen zu sich selbst. Stattdessen schlägt in der Berliner Republik, die sich als politischer und gesellschaftlicher Gegenentwurf zur NS-Herrschaft sieht, das Pendel in die andere Richtung aus. Die frühere (kulturelle, rassische) Überhöhung des Deutschen ist von der Behauptung der Nichtexistenz desselben abgelöst worden. Die ewige Frage nach dem, was denn nun das Deutschsein ausmache, wird mit der Leugnung deutscher Geschichte, Kultur und Identität beantwortet. Exemplarisch hierfür steht die Aussage der Integrationsbeauftragten der Bundesregierung, Aydan Özoguz, die im Mai 2017 hinsichtlich einer deutschen Leitkultur anmerkte: »(...) eine spezifisch deutsche Kultur ist, jenseits der Sprache, schlicht nicht identifizierbar. Schon historisch haben eher regionale Kulturen, haben Einwanderung und Vielfalt unsere Geschichte geprägt.«[1]

Was vorher das »Volk ohne Raum«, ist heute der »Raum ohne Volk«[2], in dem sich nicht länger Deutsche tummeln, sondern Menschen in einer »multikulturellen Gesellschaft« leben, die sich zunehmend in ethnische und religiöse Segmente aufspaltet, in denen wiederum jeweils eigene Imperative das Handeln der Einzelnen bestimmen.[3] Deutsche sind hier lediglich jene, die, wie Bundeskanzlerin Merkel anmerkte, »schon länger hier leben.«

Merkel und Özoguz verleihen mit ihren Aussagen einem Zeitgeist Ausdruck, der für sich in Anspruch nimmt, Volk, Nation und nationale Identität hinter sich gelassen und überwunden zu haben. Der Berliner Politikwissenschaftler Herfried Münkler charakterisiert die bundesdeutsche Gesellschaft zu Beginn des 21. Jahrhunderts im Innersten als »postheroisch«. Damit ist eine Gesellschaft beschrieben, die sich zwar daran erinnern kann, dass sie einst heroisch war, die jedoch in Anbetracht der katastrophalen Folgen allem Heldischen abgeschworen hat und sich ganz klar davon abgrenzt. Im postheroischen Kontext wird kein Konflikt als derart tiefgehend angesehen, dass er nicht durch Verhandlungsrunden in beiderseitigem Einvernehmen gelöst werden könnte. Es gibt keinen Feind mehr (vgl. Kap. 5.1), nur noch Gegner, Rivalen und Kontrahenten. Das Gespräch ersetzt den Kampf, der Tausch den Gewinn und der Kompromiss den Sieg.

Im zwanzigsten Jahrhundert treten postheroische Gesellschaften erstmals in der Zwischenkriegszeit auf. Und zwar auf Seiten der Sieger. In England und Frankreich ist man aufgrund der Realität des Ersten Weltkrieges und seiner Folgen ernüchtert. Der politische Ertrag scheint die gebrachten Opfer nicht mehr zu rechtfertigen. Deshalb gilt es unter allen Umständen, ein neuerliches Völkerschlachten zu verhindern. Appeasement lautete mithin, bis zu Churchills Machtantritt, das Gebot der Stunde. Die Folgen sind bekannt. Auf der deutschen Seite hingegen »strebten starke politische Kräfte die militärische Revision des Kriegsergebnisses an, wobei sie Taktiken entwickelten, die sich in hohem Maße an heroischen Dispositionen ausrichteten«.[4] Der Endkampf im April 45 in der Schlacht um Berlin ist ein letztes Relikt dieser Mentalität. In den ausgehenden 1960er Jahren wird in einem Akt nachgeholten Widerstandes gegen die NS-Herrschaft in Frankfurt, Hamburg und Berlin jener postheroische Zeitgeist geboren, der dreißig Jahre oder einen »Marsch durch die Institutionen« später auf den heutigen Regierungsbänken Platz nimmt. Anfangs noch in seiner Dynamik vom »Genossen der Bosse« (Gerhard Schröder) gebremst, kann er sich seit dem zweiten Kabinett Merkel ungehindert entfalten. Mit ihr ist ein verhängnisvoller »moralischer und humanitärer Imperativ« zum Leitmotiv deutscher Politik avanciert, der keine deutschen Interessen mehr kennt, sondern nur noch »gleiche Menschen«, und zwar nicht nur in Deutschland, sondern weltweit.

Ralph Rotte, Politikwissenschaftler in Aachen, sieht die postheroische Gesellschaft als das Resultat eines Mangels an einer konkreten Bedrohungssituation, »also kann man sich einen entsprechenden Verzicht auf ›heroischen Klimbim‹ leisten.«[5] Für die Publizisten Markus Metz und Georg Seeßlen ist »die postheroische Gesellschaft beides zugleich: eine Utopie, der Traum von einer Gesellschaft, in der Zivilcourage, Solidarität, Pazifismus und die Kulturtechnik der Selbstironie zu äußerem Frieden und innerer Balance führt. Und ein

---

1   Aydan Özoguz: »Leitkultur verkommt zum Klischee des Deutschseins«, in: *Tagesspiegel Causa* vom 14. Mai 2017.

2   Helmut Berschin: »Deutschland – Raum ohne Volk«, in: *Tichys Einblick* vom 22.7.2017.

3   Rolf Peter Sieferle: *Das Migrationsproblem. Über die Unvereinbarkeit von Sozialstaat und Masseneinwanderung*, Berlin 2017, S. 60.

4   Herfried Münkler: *Kriegssplitter. Die Evolution der Gewalt im 20. und 21. Jahrhundert*, Berlin 2015, S. 183.

5   Markus Metz/Georg Seeßlen: »Wenn Helden nicht mehr nötig sind «, in: *Deutschlandfunk* vom 22.10.2014.

Alptraum, von einer Gesellschaft feiger Egoisten, ironischer Chamäleons, die nirgends Verantwortung übernehmen wollen und obendrein den Angriff anderer, heroischer Kulturen und Religionen geradezu herausfordern.«[6]

Der Soziologe Gunnar Heinsohn richtet schließlich seinen Blick – das war auch der eigentliche Schwerpunkt in Samuel Huntingtons berühmter Studie *The Clash of Civilizations* – auf den Zusammenhang zwischen Heroismus/Postheroismus und der demografischen Entwicklung. Für Heinsohn »können die Familien der Dritten Welt einen oder gar mehrere Söhne verlieren (…). Drittweltländer können Millionenarmeen junger Männer ins Feuer schicken, die als zweite oder gar vierte Söhne daheim nirgendwo gebraucht werden, weshalb für sie der Heroismus als wirkliche Chance erscheinen kann.«[7]

In der Berliner Republik hat der postheroische moralische Imperativ zwei vollkommen entgegengesetzte Auswirkungen: nach Außen und nach Innen. Nach Außen führt er zu einer Militarisierung der bundesdeutschen Politik. Hier hat der damalige Außenminister Joschka Fischer mit seiner Begründung für die deutsche Beteiligung am Krieg der NATO gegen Serbien 1999 die Richtung vorgegeben. Seither stehen deutsche Soldaten und Soldatinnen weltweit im Einsatz, wenn auch nicht mehr unbedingt mit dem Anspruch, ein Menschheitsverbrechen wie Auschwitz zu verhindern. Stattdessen werden sie nun im Rahmen von moralisch nicht weniger motivierten »Friedensmissionen«, »humanitären Interventionen« oder »Polizeiaktionen« entsendet.

Gleichzeitig führt der Postheroismus als Effekt einer radikalen politischen und gesellschaftlichen Abwendung vom Heroischen im Innern zu einer Entmilitarisierung des Militärs. Das betrifft zunächst die zentralen Begriffe des Heldentums, »Ehre« und »Opferbereitschaft.« Sie werden in postheroischen Gesellschaften belächelt, verlacht und verspottet. Umso mehr, je weiter die alten Sinngebungssysteme, wie Religionen oder ihre säkularen Gegenstücke, utopische Ideologien, erodieren. Deren Symbole und Rituale sind in der Lage, Kollektive zu stiften und den Tod für die gemeinsame Sache heroisch aufzuladen. In symbolischen Ordnungen ist daher der Weg vom Helden zum Märtyrer nicht allzu weit.

Wo ein solcher metaphysischer Kern aber fehlt, oder wo er wie in der Berliner Republik zunehmend zerfällt, verschwindet auch der Märtyrer und der Tod im Kampf wird nur mehr als schieres Abschlachten verstanden und behandelt.[8] Diese Neubewertung des Krieges geht mit der Überzeugung einher, aus der Vergangenheit gelernt, diese überwunden und sich moralisch weiterentwickelt zu haben. Helden werden nicht mehr gebraucht, oder um es in den Worten von Bertold Brecht zu sagen: »Unglücklich das Land, das keine Helden hat! (...) Nein. Unglücklich das Land, das Helden nötig hat.«[9]

Erschwerend für die Stellung des Helden in einer postheroischen Gesellschaft kommt hinzu, dass er ganz grundsätzlich eine Gefahr für eine zivile Demokratie darstellt. Indem er für andere kämpft, leidet und eventuell stirbt, setzt er sich von der Masse in nicht zu akzeptierender Weise ab. Die Figur des Helden widerspricht fundamental der Idee von Gleichheit und Gerechtigkeit. Daher ist für ihn kein Platz in einer Zivilgesellschaft. Wie wenig, verdeutlichen die in der Öffentlichkeit kaum wahrgenommenen Verleihungen des Ehrenkreuzes der Bundeswehr für Tapferkeit. Dabei handelt es sich bei den Ausgezeichneten um Menschen, deren Taten sich durchaus auch als Vorbild fürs Zivile eignen. Die meisten von ihnen retteten unter Einsatz ihres eigenen Lebens oftmals verletzte deutsche und afghanische Kameraden sowie einheimische Zivilisten aus hoffnungslosen Situationen.

Untrennbar mit der Ablehnung des Heroischen verbunden ist die des Militärischen, da jede Armee, wie auch Polizei, eine heroische Gemeinschaft bildet. Ohne die entsprechenden Ideale wie Patriotismus, Uniformität, Kameradschaft, Tradition, Tapferkeit, Disziplin, die ja auch professionelle Notwendigkeit sind, können Soldaten ihrem prinzipiell heroischen Auftrag nicht nachkommen: dem Schutz des Landes und dessen Bevölkerung bis hin zum Opfer des eigenen Lebens. Alles Dinge, mit denen eine zivile Demokratie nichts anzufangen weiß. Ein Begriff wie soldatische Tapferkeit gilt per se als pervertiert und

---

6 Ebd.
7 Gunnar Heinsohn: *Söhne und Weltmacht*, Zürich 2003, S. 16.
8 Münkler: *Kriegssplitter*, S. 169 f.
9 Bertolt Brecht: *Das Leben des Galilei*, 13. Bild.

vergiftet, »denn er schließt die weihevolle Überhöhung des Tötens wie des Getötetwerdens auf dem Feld der Ehre ein.«[10] Ihr gegenüber steht die Tapferkeit im zivilen Bereich als republikanische Tugend: »Sie lebt vom Mut des Einzelnen in schwierigen Situationen, wo es cleverer wäre, abzuwarten, zu schweigen oder wegzuschauen. Wir bezeichnen diese Tugend als Zivilcourage. Zivilen Mut beweist, wer dem Opfer einer Gewalttat zu Hilfe eilt, selbst wenn er oder sie allein bleibt. Zivil mutig handelt auch, wer trotz überwältigenden Konformitätsdrucks auf seinen Ansichten und Prinzipien beharrt. Zivilcourage wünscht sich Anerkennung, wer sie übt, ist allerdings in der Regel allergisch gegenüber dem Heldenstatus, gegenüber Podesten und Denkmälern. Auch hier im Unterschied zur soldatischen Tapferkeit.«[11]

Das Verhältnis der bundesdeutschen Zivilgesellschaft zu ihrer bewaffneten Macht ist von Anfang an ein schwieriges gewesen. Als heroische Insel im zivilen Gefüge der Republik war sie im Kalten Krieg als notwendiges Übel, bestenfalls als »Eintrittskarte« ins westliche Bündnis, geduldet. Ansonsten aber repräsentierte sie das Ewiggestrige und mit ihm eine Welt, von der man glaubte, sie hinter sich gelassen zu haben. Ihren prägnanten Ausdruck findet die Haltung jener Jahre im früheren Bundespräsidenten Theodor Heuss, der sich im September 1958 bei einem Manöverbesuch von einer Kompanie Panzergrenadiere mit einem süffisanten »Nun siegt mal schön« verabschiedet und sich anschließend umso konzentrierter in die Betrachtung einer kunsthistorisch wertvollen Kapelle ganz in der Nähe vertiefte.

Etwas mehr als fünfzig Jahre später ist die Bundeswehr mehr denn je ein Fremdkörper im postheroischen Deutschland. Und dies, obwohl sie mittlerweile eine Armee im Einsatz ist. Aber im Unterschied zu anderen westlichen Nationen führte die späte Erkenntnis, dass sich das Land im Krieg befindet, zu keiner Solidarisierung der Zivilgesellschaft mit ihrer Armee. Stattdessen begegnet sie ihren Soldaten mit eisiger, mitunter sogar feindseliger Ignoranz, wie ein Reporter der *New York Times* im Winter 2009 berichtet:

»Oft habe ich am Berliner Hauptbahnhof die traurigen, verlorenen Soldaten gesehen. Nie blieb jemand stehen, um ihnen für ihren Dienst zu danken oder sie gar zu fragen, ob sie in Afghanistan gewesen sind. (...)

Manchmal wurden die Soldaten sogar feindselig angesehen, während die meisten Menschen einfach so taten, als wären sie nicht da.«[12]

Dabei beweisen die USA, Großbritannien und Israel, dass in einer westlichen Demokratie das Zivile und Militärische nicht zwangsläufig im Widerspruch stehen müssen. Soldaten genießen in allen drei genannten Staaten hohes Ansehen. Neben Symbolen wie dem Fahneneid, die in den Alltag übernommen wurden, wird in den USA aktiven wie ehemaligen Soldaten übergreifend Respekt und Anerkennung entgegengebracht, es gibt einen Veteranentag, Stars und Prominente solidarisieren sich öffentlichkeitswirksam mit den Soldaten und rufen zur Solidarität und Unterstützung auf. An dieser Wertschätzung hat auch die weitverbreitete Ablehnung der Kriege am Hindukusch und im Irak nichts geändert, da es zum Selbstverständnis der amerikanischen Öffentlichkeit gehört, zwischen Politikern, die die Kriege initiieren und jenen, die darin kämpfen, zu unterscheiden. Dasselbe gilt für die britischen Inseln, obgleich hier das Sympathieverhältnis der Gesellschaft zu ihrer Armee ein wenig anders gelagert ist. Hier ist man eher familiär mit der Armee, namentlich mit regionalen Regimentern verbunden. Dazu kommt nicht nur die große Rolle der Armee in der englischen Geschichte, sondern auch die Scharnierfunktion der Armee zwischen Königshaus und Volk. So ist es eine alte Tradition, dass die englischen Thronfolger unter dem bürgerlichen Namen Wales in den Kampftruppen seiner Majestät dienen. In Israel wiederum kommen bereits Kindergartenkinder und Schüler in Berührung mit der Armee; sie ist integraler Bestandteil der israelischen Gesellschaft. So sehr, dass eine Fastfood-Kette ein spezielles Soldatenmenü, Mobilfunkfirmen Soldatentarife oder ein Molkereikonzern für Soldaten verbilligte Milchshakes anbietet. Israel steht

10 Christian Semler: »Die vergiftete Tugend Tapferkeit«, 6.7.2009, abrufbar unter http://www.taz.de/!5160244/.

11 Ebd. Der Philosoph Peter Sloterdijk merkt in *Zorn und Zeit* polemisch in Bezug auf die Deutschen an: »... sie bringen nach 1945 eine Sonderausgabe von Beherztheit heraus – die vielgelobte Zivilcourage, die Magerstufe des Muts für Verlierer ...« (Peter Sloterdijk: *Zorn und Zeit*, Frankfurt a. M. 2008, S. 26).

12 Zitiert nach Julian Reichelt/Jan Meyer: *Ruhet in Frieden, Soldaten! Wie Politik und Bundeswehr die Wahrheit über Afghanistan vertuschten*, Köln 2010, S. 18.

allerdings auch permanent unter militärischer Bedrohung durch radikale Bewegungen in den Nachbarländern. Dennoch bleibt das Land der einzige demokratische Staat in der Region. Für insbesondere die Linke in Deutschland erscheint der israelische Wille zur Selbstbehauptung als permanente Zumutung, da er ständig die eigene Schwäche vorführt, die wiederum in moralische Appelle an den Staat Israel verwandelt wird. Der Philosoph Alexander Grau bringt das Verhältnis Deutschland – Israel im *Cicero* auf den Punkt:

»Für den Appeasement-Deutschen, der in seiner verquasten Logik die Verteidigung des Eigenen als Diskriminierung der Anderen empfindet, ist Israel daher die Staat gewordene Provokation. Schließlich muss Israel Kampfbereitschaft kultivieren, Entschlossenheit und Standhaftigkeit. Das ist für den bundesdeutschen Wellness-Bürger eine emotionale Überforderung, die ihn erheblich verstört.«[13]

In Deutschland verschwindet die Armee immer weiter aus dem öffentlichen Bewusstsein. Das ist unter anderem eine Folge der Aussetzung der Wehrpflicht 2011. Nicht nur, dass Soldaten physisch aufgrund der Streitkräftereduktion und damit einhergehenden Standortschließungen immer seltener in der Öffentlichkeit anzutreffen sind, das Fehlen der Wehrdiener hat auch auf das Verständnis der Bevölkerung gegenüber dem »Bund« Auswirkungen. Während des Kalten Krieges hatte sich die Wehrpflicht als durchaus geeignet erwiesen, die Kluft zwischen Armee und Zivilgesellschaft zu überbrücken. Allein die schiere Zahl an Wehrpflichtigen sorgte für Wahrnehmung in der Öffentlichkeit und dafür, dass die Bundeswehr als Teil der Gesellschaft anerkannt wurde. Damit ist es seit der Umwandlung der Bundeswehr in eine Berufsarmee vorbei. Die Armee als ein Verband von Facharbeitern und Spezialisten hat entgegen der alten bundesrepublikanischen Befürchtung zu keinem Staat im Staate geführt, sondern zu einer fortgesetzten Verdrängung der Bundeswehr an den Rand der Gesellschaft. Zwar registrieren Umfragen regelmäßig ein hohes Vertrauen der Bevölkerung in ihre Armee, jedoch spricht deren eklatanter Personalmangel eine andere Sprache. Ende August 2017 gab es 10.105 Freiwillige, 15 Prozent weniger als im Vorjahr. Ein Viertel davon quittierte seinen Dienst vorzeitig. Die Suche nach qualifiziertem und motiviertem Personal (wie auch bei der Polizei) gestaltet sich in Anbetracht eines Zeitgeistes, der aus seiner Verachtung für alles Militärische keinen Hehl macht, immer schwieriger. Um dem Problem Herr zu werden, wird im Bendlerblock offensichtlich in Erwägung gezogen, die deutsche Armee für EU-Bürger zu öffnen, so jedenfalls steht es im aktuellen Weißbuch der Bundeswehr. Eine Idee, die einmal mehr die Distanz zwischen der Bundeswehrführung und den Eigenheiten der ihr unterstellten Truppe demonstriert. Denn gerade die soldatische Identität besitzt eine enorme nationale Ausprägung – trotz eines europäischen Wertesystems, wie der Chef des Bundeswehrverbandes, André Wüstner, in einer Stellungnahme dazu bemerkte.[14] Ob er damit in einer postheroischen Gesellschaft, deren Selbstverständnis ja auch postnational geprägt ist, Gehör finden wird, bleibt abzuwarten.

Ungeachtet dessen verweigern Schulen und Universitäten der Bundeswehr regelmäßig den Zugang zu ihrem Gelände und werden dabei von der Gewerkschaft GEW unterstützt, die ein grundsätzliches Werbeverbot für die Bundeswehr in Schulen fordert. Wo sie auftreten dürfen, sehen sich Jugendoffiziere nicht selten mit dem Vorwurf konfrontiert, sie dienten einer faschistischen, rassistischen, kriegsverherrlichenden Organisation und würden versuchen, die Jugend für ihr verbrecherisches Handwerk zu gewinnen. Dass das keine Einzelfälle sind, sondern ein solches Verhalten auf breiten politischen und gesellschaftlichen Rückhalt zählen kann, verdeutlicht die Vergabe des von SPD, den Grünen, Gewerkschaften und Kirchen geförderten Aachener Friedenspreises 2013 an die »*Schulen ohne Bundeswehr*«.

Die Feindseligkeit gegen die Bundeswehr zeigt sich aber nicht nur in Klassenzimmern und Hörsälen. Uniformierte werden heute in der Öffentlichkeit inzwischen beschimpft, bespuckt oder auch körperlich attackiert, weshalb die Armeeführung aus Angst vor Übergriffen

---

13 Alexander Grau: »Die Staat gewordene Provokation«, 16.12.2017, abrufbar unter https://www.cicero.de/aussenpolitik/israel-deutschland-palaestinenser-arabische-welt-verteidigen.

14 o. V.: »Bundeswehrverband will keine EU Ausländer als Soldaten «, 13.7.2016, abrufbar unter http://www.zeit.de/politik/deutschland/2016-07/verteidigung-weissbuch-kritik-bundeswehr-lehnt-eu-aulaender-ab.

im Juli 2017 vorübergehend ein Uniformverbot erlassen hat. Eine bemerkenswerte Maßnahme für eine Organisation, deren Wesenskern in der Verteidigung der Allgemeinheit liegt. Sie legt beredtes Zeugnis dafür ab, wie weit die Bundeswehr im Innern bereits in die Defensive gedrängt ist.

Hilfe aus der Politik haben die Soldaten nicht zu erwarten. Auf Kosten der Armee kann man sich in Deutschland, nicht erst seit Ursula von der Leyen, zeitgeistige Reputation verschaffen. Nichts anderes steckt hinter zu Guttenbergs übereilter Aussetzung der Wehrpflicht, die dann so dilettantisch gehandhabt wurde, dass selbst seinem stets besonnen wirkenden Nachfolger de Maiziere der Kragen platzte. Trotzdem ließ auch dieser sich nicht die Chance nehmen, seine Soldaten öffentlich zu maßregeln und sie aufzufordern: »Hört einfach auf, dauernd nach Anerkennung zu gieren. Die Wertschätzung anderer bekommt man nicht dadurch, dass man danach fragt, sondern dass man gute Arbeit leistet.«[15]

Die Ausgrenzung der bewaffneten Staatsmacht aus dem demokratischen Gesellschaftsgefüge ist nur die eine Seite. Auf der anderen Seite zeigt die Berliner Republik eine starke Tendenz, den Fremdkörper Bundeswehr in ihr moralisches Wertesystem zu assimilieren. Der heroisch fundierte sui generis-Anspruch der Armee kann, wie bereits angedeutet, seitens des Postheroismus nicht akzeptiert werden. Das ist nicht neu. Diesem Zweck dient seit Gründung der Bundeswehr die Konzeption der »Inneren Führung«. Sie zielt darauf ab, die Armee zu einem neuen, für deutsche Verhältnisse bis dahin unbekannten Typus Streitmacht zu formen, einer »demokratischen Armee.« Eine solche zeichnet sich nach Ansicht des Vordenkers der »Inneren Führung«, Graf Wolf von Baudissin, durch drei Eigenschaften aus: »Die organische Integration der Armee in den demokratischen Staat; die Verpflichtung ihrer Führer auf diesen Staat und seine Verfassung; gleiche Werte für die Armee wie für die zivilen Bereiche des Staates.«[16]

Was darunter in den ausgehenden 2010er Jahre zu verstehen ist, demonstriert die Politik von Verteidigungsministerin Ursula von der Leyen. Unter ihrer Ägide hat die Zivilisierung des Militärischen

Ausmaße angenommen, die die Wehrfähigkeit der Bundeswehr und damit der Bundesrepublik infrage zu stellen droht. Bei der Einführung zivilgesellschaftlicher Standards kannte der Reformeifer der Ministerin keine Mäßigung, die Bundeswehr sollte zu einem ganz normalen Unternehmen werden. Schlagworte hierzu lauten: Familientauglichkeit, Gleichstellungsmaßnahmen, Kita-Plätze, Umstandsmode für Soldatinnen, Flachbildfernseher sowie Schützenpanzer, die Hochschwangere zu transportieren in der Lage sind. Dahinter zurückstehen muss das Kriegsgerät der Bundeswehr. Die Mängelliste ist lang, von flugunfähigen Transportflugzeugen über eine nicht einsatzbereite U-Boot-Flotte und die Funktionsuntüchtigkeit eines Großteils der Kampfpanzer Leopard 2 bis hin zu schadhaften Sturmgewehren.

In diesen Zusammenhang gehört, dass die Bundesrepublik auch anderthalb Jahrzehnte nach Beginn des »Krieges gegen den Terror« noch keine diesbezügliche Gesamtstrategie besitzt. Auf ein dem amerikanischen »Counterterrorism« vergleichbares Konzept muss die Bundeswehr weiterhin warten, und damit auf einen Plan, wie man mit der neuen Art von Bedrohung, die man nicht im klassischen Sinne besiegen kann, umgehen will. Stattdessen ist man in einer Art kolossaler Egozentrik bestrebt, politische, soziale und wirtschaftliche Kriegs- und »Fluchtursachen« zu bekämpfen, indem man von Berlin aus in Afrika, dem Nahen und Mittleren Osten für Arbeitsplätze und Schulen sorgen will. Dass der deutsche Sozialstaat die wohl stärkste »Fluchtursache« bildet, darf natürlich nicht ausgesprochen werden.

Was Ursula von der Leyen zu einer repräsentativen Vertreterin des Postheroismus in der Berliner Republik macht, ist nicht allein der Versuch der radikalen Abgrenzung gegen heroische Traditionen. Vielmehr ist es der bemerkenswerte Unverstand gegenüber dem Umstand, dass »der Geist der Truppe ihre Stärke« ist. Loyalität ist das Mindeste, was ein Verteidigungsminister seinen Soldaten entgegenbringen muss, erst

---

15 o. V.: »Giert nicht nach Anerkennung! Thomas de Maiziere im Gespräch«, 24.2.2013, abrufbar unter http://www.faz.net/aktuell/politik/inland/thomas-de-maiziere-im-gespraech-giert-nicht-nach-anerkennung-12092201.html.

16 Zit. n. Sven Gareis/Paul Klein (Hrsg.): *Handbuch Militär und Sozialwissenschaft*, Heidelberg 2013, S. 155.

recht solchen, die im Kampf stehen und ihr Leben für die politischen Ambitionen der Ministerin einsetzen. Soldaten im Einsatz brauchen Vertrauen zu ihren Vorgesetzten, sie müssen wissen, dass die Führung hinter ihnen steht. Ursula von der Leyen geht auch hier neue Wege. Statt sich schützend vor ihre Soldaten zu stellen, erst die Ermittlungsergebnisse abzuwarten, bevor sie dann auf Basis gesicherter Erkenntnisse angemessen vorgeht, lässt sie, wie im dubiosen Fall Franco A., kein Mikrophon aus, um den ihr anvertrauten Soldaten öffentlich und in toto ein »Haltungsproblem« zu attestieren, sie zu denunzieren und unter Generalverdacht zu stellen.

In der politischen, vor allem aber in der medialen Öffentlichkeit kann die Ministerin bei ihrem Vorgehen mit breiter Zustimmung rechnen. Die Uniform und alles, was sie verkörpert, vor allem aber der Kern des soldatischen Handwerks, das Töten und getötet werden, sind unvereinbar mit einem Zeitgeist, der sich nicht mehr hinter den Farben des Landes, sondern hinter denen des Regenbogens sammelt.

Innerhalb der Bundeswehr hat diese Politik für große Verunsicherung und Wut gesorgt, in mancher Kaserne wurde das Bild der Verteidigungsministerin schlicht umgedreht. Ein für das deutsche Militär einmaliger Vorgang. Die immer neuen haltlosen, dafür aber umso medienwirksamer platzierten Anschuldigungen haben ihre Wirkung bei den Soldaten und Soldatinnen nicht verfehlt. Das Vertrauensverhältnis zwischen der Truppe und dem Ministerium, der Bundeswehrführung und der Öffentlichkeit ist mehr als zerrüttet. In den Kasernen herrscht ein Klima der Angst und des Misstrauens, wie Hauptmann d. R. Wencke Sarrass in einem offenen Brief an die Ministerin schreibt: »Die Angst davor, negativ aufzufallen. Die Angst davor, morgen zu jenen zu gehören, die in Missgunst gefallen sind.«[17]

Die Bundeswehr steht in der postheroischen Berliner Republik in einer tiefen Existenzkrise. »Wo Opfer und Ehre nur noch innerhalb der Gemeinschaft zirkulieren, erstarrt diese mit der Zeit und zerfällt. Die heroische Gemeinschaft verdorrt. Und wenn die umgebende Gesellschaft sie nicht mehr ehrt und achtet, sondern ignoriert oder gar verachtet, so ist ihr auch das Elixier der periodischen Revitalisierung entzogen.«[18]

Das alles vor dem Hintergrund einer sich rapide verschlechternden Sicherheitslage. Weltweit wächst die Bedrohung durch einen militant missionarischen Islam. Die militärische Niederlage des IS in Syrien und dem Irak hat die Gefahr keineswegs gebannt, stattdessen kann sie zum Katalysator für die nächste Offensive des islamischen Terrorismus werden. Was das in Zukunft bedeutet, welche Organisationsform der IS nach der Gruppe, dem Netzwerk und dem als Kalifat benannten Proto-Staat annehmen wird, ist offen. Fest steht, dass der Krieg gegen den Terror in eine neue, gefährliche Phase getreten ist und sich an der Entschlossenheit des militanten Islam nichts geändert hat. Zahlreiche Beweise dafür sind die Aktionen Einzelner, die im Namen Allahs und seines Propheten mit PKW oder LKW in Menschenmengen rasen, in Kaffeehäusern und Konzertsälen um sich schießen oder in Supermärkten Messer ergreifen und auf Kunden einstechen.

Was die heutigen islamischen Attentäter von den Partisanen oder Terroristen vergangener Zeit unterscheidet, ist ihr Todeswunsch. »Ihr liebt das Leben, und wir lieben den Tod.« Darin artikuliert sich der heroische Nihilismus des zeitgenössischen Jihadismus, in dem Kampf und Tod für Allah und die Umma zum Gottesdienst wird. Symbol dafür ist die Kriegsfahne, hinter der sich der gewaltsame islamische Aufbruch weltweit, von Afrika über den Nahen und Mittleren Osten bis hin zu den Philippinen, versammelt. Die Fahne ist schwarz und zeigt im oberen Bereich in weißer Schrift den ersten Teil des islamischen Glaubensbekenntnisses: »La ilaha illallah« (Es gibt keinen Gott außer Allah). Darunter befindet sich ein Kreis, der den Siegelring des Propheten symbolisiert und den zweiten Teil des Glaubensbekenntnisses trägt: »Gottes Prophet ist Mohammed«. Die Farbwahl ist ein Tribut an die religiöse und kriegerische Tradition des Islam. Das vorherrschende Schwarz soll zum einen an Mohammed erinnern, der laut Überlieferung auf seinen Feldzügen eine schwarze Flagge mit sich führte. Zum anderen ist es die Farbe der abbasidischen Kalifen,

---

17 Wencke Sarrass: »Frau Merkel, geben Sie der Bundeswehr ihre Würde zurück«, 6.7.2017, abrufbar unter https://www.welt.de/debatte/kommentare/article166336753/Frau-Merkel-geben-Sie-der-Bundeswehr-ihre-Wuerde-zurueck.html.
18 Münkler: *Kriegssplitter*, S. 178.

die damit die Trauer um die Märtyrer sowie um die Männer aus der Familie des Propheten auszudrücken versuchten. Im Weiß der dem Stil des 8. Jahrhunderts nachempfundenen Schriftzeichen artikuliert sich zudem die Frömmigkeit der Krieger[19]. Weiß ist sowohl das Gewand der Pilger nach Mekka als auch das der Toten und steht im Islam für die Einheit aller Farben und der Göttlichkeit.

Demjenigen, der diesem Zeichen zu folgen gewillt ist, verspricht es eine heroische Identität innerhalb einer ebensolchen Gemeinschaft. Die Mitglieder dieser Gemeinschaft eint die Überzeugung, Vorkämpfer einer moralischen Erneuerung zu sein. Dafür sind sie bereit, ihr Leben zu geben, umso mehr, da sie als Märtyrer direkte Aufnahme im Paradies finden. So oder so ähnlich lauten die Botschaften der weltweit kursierenden Propagandavideos, durch die der islamische Heroismus Einzug in die europäische und bundesrepublikanische Jugendkultur gehalten hat. Diesbezüglich haben in Deutschland vor allem die Filme von Denis Cuspert alias Deso Dogg alias Abu Talha al-Almani Bekanntheit erlangt, dem wohl bekanntesten und Mitte Januar 2018 »höchstwahrscheinlich« getöteten deutschen Jihadi.[20] Mal inszeniert er sich mit zwei Kampfgefährten in einem Auto, mal tollt er im Schnee, mal sitzt er an einer Quelle vor einigen Sträuchern, inspiriert von Osama bin Ladens Videos, in der Wüste, immer darum bemüht, das heroische Potential junger Muslime oder potenzieller Konvertiten in der Bundesrepublik zu aktivieren.

Diesem heroischen Pathos kann die Berliner Republik nur das Regenbogenbanner entgegenstellen und mit ihm eine höchst sensible, fragile und fluide Identität, innerhalb einer genauso empfindsamen Gesellschaft, deren autoaggressive Nabelschau jede Selbstgewissheit entsorgt hat. »Proud not to be proud« (Böhmermann) lautet die Devise einer Republik, zu deren Verteidigung sich noch nicht einmal jeder fünfte Bundesbürger bereit erklärt. Zu diesem Ergebnis kommt eine Studie des Gallup Institutes 2015 hinsichtlich der Frage: »Would you be willing to fight for your country?« Die Bundesrepublik nimmt hier den sechsundsechzigsten von achtundsechzig Plätzen ein, eine niedrigere Bereitschaft zeigen lediglich die Niederlande (15%) und Japan (11%).[21]

KUNDUZ: SEPTEMBER 2009

Als Kämpfer der Taliban am 3. September 2009 gegen 15:30 Uhr Ortszeit bei Aliabad, nur acht Kilometer vom Feldlager der Bundeswehr nahe der nordafghanischen Stadt Kunduz entfernt, zwei zivile Tanklastzüge entführen, ahnt noch niemand, dass der Krieg in das Bewusstsein Deutschlands zurückkehren wird.

Wenige Stunden zuvor, gegen elf Uhr am Vormittag, ist eine deutsche Patrouille in einen Hinterhalt geraten. Beim anschließenden Gefecht werden drei deutsche Soldaten verwundet. Außerdem verbreitet sich seit Tagen das Gerücht von einem bevorstehenden schweren Anschlag. Eine Bedrohung, die umso realistischer erscheint, da sich zehn Tage zuvor ein Selbstmordattentäter mit einem Tankwagen in die Luft sprengte und dabei vierzig Menschen mit in den Tod riss. Der Kommandeur des deutschen PRT (*Provincial Reconstruction Team*), Oberst Klein, muss also handeln, als er am Abend des 3. September die Nachricht erhält, dass die beiden Tanklastzüge sich in einer Furt festgefahren haben. Die Fahrzeuge dem Feind zu überlassen, bedeutet ein unwägbares Risiko für die Einwohner von Kunduz wie auch für die Soldaten der Bundeswehr.

Da der Kommandeur des PRT drei Jahre, nachdem Verteidigungsminister Jung die Bundeswehr im Weißbuch 2006 zu einer Einsatzarmee deklariert hat, immer noch nicht über geeignete Einsatzmittel verfügt, um eine Bedrohung wie an diesem Septembertag aufzuklären und angemessen darauf zu reagieren, bleibt Klein nur die Möglichkeit eines Luftschlages. Im Bericht des Verteidigungsausschusses des Bundestages heißt es dazu:

---

19 Oliver Hanne/Thomas Flichy dela Neuville: *Der Islamische Staat. Anatomie des Neuen Kalifats,* Berlin 2015, S. 157 f.

20 Cuspert wurde bereits mehrere Male für Tod erklärt, jedes Mal aber übereilt. Am 17. Januar 2018 soll er nun bei einem US-Luftangriff in der syrischen Stadt Raranidsch gemeinsam mit 13 anderen IS-Kämpfern tatsächlich getötet worden sein. Vgl. Ronen Steinke: »Der höchstwahrscheinliche Tod des Denis Cuspert «, 21.1.2018, abrufbar unter http://www.sueddeutsche.de/politik/ islamischer-staat-der-hoechstwahrscheinliche-tod-des-denis-cuspert-1.3835312.

21 WIN/Gallup International's global survey shows three in five willing to fight for their country, gallup-international.bg.

»Die mangelnde Ausstattung mit geeigneten nationalen Wirk-
mitteln verwehrte dem Kommandeur (...) eine differenzierte Reaktion
auf aktuelle Lageentwicklungen./Oberst i. G. Klein hatte lediglich
die Alternative zwischen Untätigkeit und Luftangriff (wenn auch mit
den kleinsten zur Verfügung stehenden Bomben). Eine frühzeitige
Einflussnahme und ggf. deeskalierende Wirkung auf die Lage durch
mildere Mittel (Einsatz der Artillerie, Einsatz Kampfhubschrauber)
war ihm verwehrt.«[22]

Wie viele Kämpfer und Zivilisten in der Zwischenzeit an den
Pannenort eilen, um die havarierten Fahrzeuge wieder flott zu machen
oder Treibstoff abzuzapfen, ist bis heute nicht geklärt. Ebenso wenig
wie die genaue Anzahl der Toten, die die Bombardierung kurz vor
zwei Uhr am Morgen des 4. September hinterlässt. Die NATO geht von
einhundertzweiundvierzig Toten aus.

Die Bombennacht von Kunduz wird zum Auslöser für ein Um-
denken innerhalb der Regierung und des Parlamentes bezüglich der
tatsächlichen Situation am Hindukusch. Seit Beginn des Bundeswehr-
einsatzes 2002 hatten sowohl die Regierungen, die mit dem Einsatz
befasst waren, als auch die Bundeswehrführung alles daran gesetzt, die
Beteiligung Deutschlands an der Invasion Afghanistans als Stabilisie-
rungs- und Wiederaufbaumission beziehungsweise als Maßnahme im
Sinne deutscher Sicherheitspolitik zu verharmlosen. Nach dem Motto
»Es kann nicht sein, was nicht sein darf«, reagiert die deutsche politische
Führung auf die stete Eskalation der Sicherheitslage am Hindukusch im
Stile eines kleinen Kindes, das glaubt, das Unangenehme dadurch ver-
schwinden lassen zu können, dass es die Augen nur fest genug schließt.

Für die Bundeswehr vor Ort bedeutet diese infantile Haltung, dass
jeder Eindruck, es handle sich beim Einsatz um Krieg, vermieden
werden muss. Deutsche Soldaten dürfen auf keinen Fall als Krieger
und Kämpfer in Erscheinung treten. Stattdessen werden sie als Sozialarbeiter in Uniform in Szene gesetzt, beim Brunnen bohren, beim
Verteilen von Süßigkeiten an lachende afghanische Kinder oder bei
der Eröffnung einer Mädchenschule, wobei man seitens des Bundes-
ministeriums für Verteidigung (BMVg) selbst vor potemkinschen
Inszenierungen nicht zurückschreckt[23].

Widerstand seitens des Bundestages anlässlich der jährlichen Mandatsverlängerung brauchen Regierung und Bundeswehrführung mit ihrer Beschwichtigungs- und Verharmlosungspolitik nicht zu befürchten. Einerseits, weil jeder Abgeordnete weiß, dass in Deutschland mit »Krieg« keine Wahlen zu gewinnen sind. Andererseits, weil das Gros der Abgeordneten die tiefe Ablehnung gegen alles Militärische, das Unverständnis und völlige Desinteresse der Regierung gegenüber ihren Soldaten im Einsatz teilt. Umso dankbarer nehmen sie daher das Angebot von BMVg und Generalinspekteur an, sich nicht weiter mit dem Sachverhalt Afghanistan auseinandersetzen zu müssen, um weiterhin in ihrer pazifistischen Vorstellungswelt verharren zu können. Letzteres verdeutlicht die Bitte, mit der sich eine nicht näher benannte Sozialpolitikerin hinsichtlich der schnellen Eingreiftruppe QRF an Jörn Thießen (SPD), Mitglied im Verteidigungsausschuss des Bundestages, wandte: »Versprich mir, Jörn, dass die da nicht schießen.«[24]

Die Verdrängung der Wirklichkeit fordert von Beginn an Opfer. So sprengt sich bereits im Juni 2003, also kurz nach Beginn des deutschen Afghanistan-Einsatzes, in Kabul ein Selbstmordattentäter neben einem ungepanzerten Bus der Bundeswehr in die Luft. Die darin befindlichen Soldaten sind auf dem Weg zum Flughafen, um nach Hause zu fliegen. Vier von ihnen sterben, neunundzwanzig werden zum Teil schwer verletzt. Für die Strecke, auf welcher der Bus sich zum Zeitpunkt des Anschlags befindet, liegen an diesem Tag Anschlagsdrohungen vor. Doch die Führung will nicht auf das Bild von Frieden und Sicherheit verzichten, das ein Bus vermittelt, dessen Seitenwände aus Trompetenblech bestehen.

2007 wird aus dem Stabilisierungseinsatz endgültig ein (uneingestandener) Kriegseinsatz. Bis dahin ist es im Norden Afghanistans verhältnismäßig ruhig geblieben. Das liegt allerdings weniger an der

---

22 *Bericht des Verteidigungsausschusses*, 25.10.2011, S. 430.

23 So geschehen beim Besuch der Kanzlerin in der High School Ali Chaplan, einer Mädchenschule in Masar-i-Sharif (April 2009), die allerdings schon seit längerer Zeit ungenutzt war und deren Schülerinnen für die Visite des hohen Gastes erst einberufen werden mussten.

24 Christoph Schwennicke: »Verdruckste Krieger«, in: *Der Spiegel*, 27/2008.

Bundeswehr, sondern vielmehr daran, dass zu Beginn der US-geführten Intervention die Taliban aus der Region Kunduz, einer ihrer früheren Hochburgen, vertrieben, ihre Anführer geflohen, getötet oder gefangengenommen worden waren. Nun kehren sie zurück, was wiederum die Bundeswehr am 19. Mai zu spüren bekommt. Bei einem Selbstmordanschlag auf einem Markt in Kunduz sterben zehn Menschen, darunter drei Deutsche. Die Verwaltungssoldaten sind zu Fuß und in nicht gepanzerten Fahrzeugen unterwegs, um auf dem Markt einzukaufen, als der Attentäter seinen Sprengsatz zündet.

Es ist dies der Auftakt für eine neue Phase des Afghanistan-Einsatzes der Bundeswehr. Es dauert noch bis 2009, bis sich die Aufständischen soweit verstärkt und organisiert haben, um in die Offensive gehen zu können. Danach aber steigt die Anzahl der feindseligen Aktionen sprunghaft an.[25] Die Taliban erhöhen von sich aus den militärischen Druck auf die Bundeswehr in der Hoffnung, Deutschland im wahrsten Sinne des Wortes aus der Operation »Enduring Freedom« herauszusprengen. Die Empfindlichkeit der Deutschen bezüglich des Themas Krieg ist den Islamisten nicht entgangen, die Bundesrepublik scheint ihnen das schwächste Glied unter den ISAF-Kontingentstellern. Daher sind ab April 2009 deutsche Patrouillen immer häufiger in Feuergefechte mit gut koordinierten und erfahrenen Kämpfern der Gotteskrieger verwickelt, bei denen mehr als einmal nur Glück oder der Entsatz in letzter Minute dafür sorgt, dass es nicht zu gravierenden Verlusten kommt.

»Wir bauen hier keine Schulen, wir kämpfen um unser Leben«[26] – so ist es immer öfter von den am Hindukusch im Kampf stehenden Soldaten zu hören. Doch in Berlin verhallen diese Warnungen ungehört. Stattdessen legt die Politik weiterhin Wert auf Bilder, die das Positive des Einsatzes zeigen. Am 29. April 2009 trifft der damalige deutsche Außenminister Frank Walter Steinmeier zu einem Besuch in Kabul ein. Seine Visite »gilt heute dem anderen Kabul«, wie die BILD-Zeitung euphorisch schreibt. Da die Reise unternommen wurde, um Optimismus zu verbreiten, tritt Steinmeier im Anschluss an eine Unterredung mit dem afghanischen Präsidenten Hamid Karsai vor das versammelte Pressekorps, pflanzt gemeinsam mit seinem

Amtskollegen Rangin Dadfar Spanta ein Apfelbäumchen und gibt dabei bekannt: »Was wir hier sehen, ist das neue Afghanistan, ein Afghanistan, in dem wieder Bäume gepflanzt werden.«[27]

Während Steinmeier sein Bäumchen pflanzt, werden am selben Tag etwas mehr als dreihundert Kilometer nördlich zuerst fünf Bundeswehrsoldaten bei einem Autobombenanschlag verletzt, kurz darauf gerät eine Patrouille in einen Hinterhalt. Kein Tag illustriert das bizarre Missverhältnis zwischen dem in Berlin gehegten Wunschdenken und der Wirklichkeit in Afghanistan eindrücklicher als dieser 29. April.

Die Bundesregierung sieht aber auch danach noch keine Veranlassung, ihre Einschätzung der Lage am Hindukusch zu ändern. »Ich«, so lässt der damalige Verteidigungsminister Franz Josef Jung rund zwei Wochen später in einem Interview verlauten, »halte es für falsch, von einem Krieg zu sprechen. Es ist ein Stabilisierungseinsatz. Denn allein militärisch werden wir in Afghanistan keinen Erfolg haben. Ein Krieg wird nur militärisch geführt. Im Krieg findet kein Wiederaufbau statt, kein Bau von Schulen oder Krankenhäusern, im Krieg werden keine einheimischen Streitkräfte ausgebildet. In Afghanistan ist kein Krieg.«[28]

Sechs Wochen nach dem Interview erfolgt die nächste Erschütterung deutscher Illusionen. Am 23. Juni finden erneut drei deutsche Soldaten in einem Hinterhalt sechs Kilometer südwestlich von Kunduz den Tod, drei weitere werden verwundet. Obwohl mittlerweile offensichtlich, will in der Regierung aber nach wie vor niemand von einem Krieg in Afghanistan sprechen, erst recht nicht zwölf Wochen vor der Bundestagswahl Ende September 2009. Stattdessen gibt Außenminister Frank Walter Steinmeier, ganz so, als seien die beiden Panzergrenadiere und der Fallschirmjäger Opfer eines Verbrechens geworden

---

25 *Fortschrittsbericht Afghanistan zur Unterrichtung des Bundestages*, Dezember 2010, Schaubild S. 10 f.

26 Reichelt/Meyer: *Ruhet in Frieden*, S. 59.

27 Markus Feldenkirchen: »Bäume, nicht Bomben«, in: *Der Spiegel*, 19/2009.

28 Zit. n. Steffen Hebestreit/Thomas Kröter: »In Afghanistan ist kein Krieg. Interview mit Franz Josef Jung«, 12.5.2009, abrufbar unter http://www.fr.de/politik/spezials/einsatz-in-afghanistan/interview-mit-franz-josef-jung-in-afghanistan-ist-kein-krieg-a-1103617.

und nicht im Verlauf einer militärischen Operation gefallen, bekannt: »Gemeinsam mit den afghanischen Behörden werden wir alles daran setzen, die Hintergründe aufzudecken und die Täter zur Verantwortung zu ziehen.«[29]

Man setzt auch danach weiter auf Beschwichtigungen und Schönfärbereien: »Grundsätzlich«, so Verteidigungsminister Jung, »ist der Afghanistan-Einsatz ein Erfolg.«[30] Und der damalige Generalinspekteur Schneiderhan sekundiert Anfang September seinem Minister, indem er konstatiert: »Es droht keine Eskalation.«[31]

Die Verbündeten sehen die Situation freilich ganz anders. Kurz vor Schneiderhans Feststellung kommt US-General Stanley McChrystal, Kommandeur der NATO-Truppen am Hindukusch, in seiner Lagebeurteilung an US-Verteidigungsminister Robert Gates im August 2009 zu dem Schluss, dass die Lage in Afghanistan mehr als ernst ist. »Die Situation verschlechtert sich. Wir stehen einer hartnäckigen und wachsenden Widerstandsbewegung gegenüber. Wenn wir die Initiative nicht in naher Zukunft zurückgewinnen, riskieren wir eine Situation, in der wir die Aufständischen nicht mehr besiegen können.«[32]

Um wieviel näher die US-amerikanische Einschätzung der Sicherheitslage in Afghanistan an der Realität liegt, als die der deutschen Regierung und Bundeswehrführung, bekommen die deutschen Soldaten zu spüren. So ist den Aussagen des Oberst Klein vor dem Verteidigungsausschuss zur Kunduz-Affäre zu entnehmen: »Ich habe im Januar einen Besuch in Afghanistan gemacht, um mit meinem Vorgänger zu sprechen. Alle diese Gesprächspartner haben mir gesagt: Der Sommer 2009 wird hart. (…) Alle Fachleute gingen davon aus, dass die so genannte Frühjahrsoffensive der Aufständischen (…) sicher kommen würde und dass das Niveau der sicherheitsrelevanten Vorfälle erneut deutlich über dem des Vorjahres liegen würde. (…) Ich hätte gerne auch, wie viele meiner Vorgänger, Brunnen gebohrt und Schulen eingeweiht. Die Lage ließ dies nicht zu. (…) Ich habe das PRT am 5. April übernommen. Wenige Stunden danach hatte ich den ersten Feuerkampf in meiner Verantwortung.«[33]

In den Morgenstunden des 4. September 2009 wird die Beschwichtigungspolitik der Regierung in dem opferreichsten Angriff der gesamten

ISAF-Mission schließlich Makulatur. Dass Oberst Klein nur ein Luftschlag und nicht alternative Handlungsoptionen zur Verfügung stehen, ist eine direkte Folge bundespolitischer Realitätsverweigerung. Die rot-grüne Regierung hatte ohne irgendeine Gesamtstrategie den Afghanistan-Einsatz beschlossen und auch keine der Nachfolgeregierungen sah sich imstande, eine solche zu entwerfen. Stattdessen gibt es einen bunten Strauß von einzelnen Projekten und Programmen, die zwar in Deutschland für gute Presse sorgen, am Hindukusch jedoch nur vorübergehend die Nöte der afghanischen Bevölkerung zu lindern vermögen. Der Journalist Eric Chauvistre nennt die deutschen Projekte zutreffend »robuste Illusionen.«[34]

Das Festhalten der Bundesregierungen und der Führung der Bundeswehr an der Behauptung von der Stabilitäts- und Wiederaufbaumission in Afghanistan verhindert die Ausstattung der Truppe vor Ort mit der Ausrüstung und dem Material, das notwendig wäre, der wachsenden Bedrohung Herr zu werden, selbst wenn dadurch die eigenen Soldaten gefährdet sind. Ein Beispiel dafür ist die Panzerhaubitze 2000, das Standardgeschütz der Bundeswehr. Es verzeichnet bei einer Reichweite von 40 Kilometern eine maximale Abweichung von lediglich einer Bogenminute. Damit eignet sich die Haubitze unter anderem dazu, einen punkt- und zielgenauen Schutzschirm über weiter entfernt agierende Einheiten aufzuspannen. Die im Süden Afghanistans stationierten niederländischen ISAF-Truppen vertrauen schon seit längerer Zeit auf diese Waffe. Oberst Klein hätte sie in dieser verhängnisvollen Nacht gut gebrauchen können, es hätte

29 Zit. n. Matthias Gebauer: »Drei Bundeswehrsoldaten während Gefecht bei Kunduz getötet «, 23.6.2009, abrufbar unter http://www.spiegel.de/politik/ausland/afghanistan-drei-bundeswehrsoldaten-waehrend-gefecht-bei-kunduz-getoetet-a-632035.html.

30 Zit. n. o. V.: »Wieviele Soldaten müssen noch in Afghanistan sterben?«, 8.8.2009, abrufbar unter www.bild.de.

31 Zit. n. Reichelt/Mayer: *Ruhet in Frieden*, S. 35.

32 Ebd., S. 35.

33 »Beschlussempfehlung und Bericht des Verteidigungsausschusses«, BT-Drs. 17/7400 v. 25. 10. 2011, S. 40.

34 Eric Chauvistre: *Wir Gutkrieger. Warum die Bundeswehr im Ausland scheitern wird*, Frankfurt a. M. 2009, S. 44.

ihm andere, artilleristische, Handlungsoptionen ermöglicht. Doch weil die Panzerhaubitze 2000 in der Heimat negative Assoziationen hervorrufen könnte, die der offiziellen Lesart der ISAF-Mission als Wiederaufbau- und Stabilisierungseinsatz zuwiderlaufen, muss die militärische Führung darauf verzichten.

Nach dem Bombenangriff auf den Tanklaster ist die Bundesregierung endlich gezwungen, die Lage anzuerkennen. Zunächst verhindert aber eine bemerkenswert pannenreiche Informationspolitik der Bundesregierung die zeitnahe Klärung der Ereignisse. Immer wieder verwickelt sich das BMVg in Widersprüche, beharrt auf voreilig herausgegebenen Opferzahlen, hechelt den Presserecherchen hinterher. Damit verwirrt es sowohl die Medien als auch die Ermittlungen der NATO-Verbündeten, was später den Verdacht aufkommen lässt, die Aufklärung wäre absichtlich behindert worden. Die Schockwellen der 140 Toten bei Kunduz erreichen die politische Bühne in Berlin so erst mit Verspätung. Als es soweit ist, nutzt der neue Verteidigungsminister Karl Theodor zu Guttenberg die sich wenige Wochen nach der Wahl bietende Gelegenheit und inszeniert sich als Aufklärer. Gleich nach seinem Amtsantritt entlässt er den Staatssekretär im Verteidigungsministerium Peter Wichert sowie den Generalinspekteur der Bundeswehr Wolfgang Schneiderhan. Beiden wirft zu Guttenberg die Vorenthaltung wichtiger Informationen im Zusammenhang mit der Bombardierung vor. Am 27. November tritt schließlich Arbeits- und Sozialminister Franz Josef Jung zurück, der als früherer Verteidigungsminister die politische Verantwortung für die desaströse Informationspolitik seines ehemaligen Ministeriums übernimmt. Auch wenn zu Guttenberg wenig später selbst in den Verdacht gerät, Informationen vor der Öffentlichkeit verheimlicht zu haben, kommt ihm der Verdienst zu, den Afghanistan-Einsatz endlich als das benannt zu haben, was er in Wirklichkeit schon seit 2007 ist. Kurz nach seinem Amtsantritt spricht er von »kriegsähnlichen Zuständen« in Afghanistan und bricht damit ein Tabu.

Die Tatsache, dass diverse Bundesregierungen und auch das Parlament nicht schon vor der Bombennacht von Kunduz durch Proteste oder eine breite öffentliche Debatte dazu veranlasst wurden, die

Realität anzuerkennen und ihre Soldaten mit allem Notwendigen für den politisch verordneten Kriegseinsatz auszustatten, wirft ein bezeichnendes Licht auf das Verhältnis zu den bewaffneten Streitkräften. Kein Gefecht, kein Anschlag, kein gefallener Bundeswehrsoldat und keiner der Berichte aus Afghanistan haben ausgereicht, damit die Realität eines Kriegseinsatzes in die deutsche Öffentlichkeit Einzug halten kann. Es scheint, als hätte es dafür eine Aktion gebraucht, die bestimmte Assoziationen erst möglich macht, oder anders formuliert: die in das gewünschte Täter-Opfer-Schema passt. Krieg herrscht dann, wenn – wie in Kunduz – durch deutsche Hand unschuldige Zivilisten sterben.

Bis dahin war die Haltung der bundesdeutschen Zivilgesellschaft zum Einsatz ihrer Armee in Afghanistan in der Hauptsache von Gleichgültigkeit geprägt. Der ehemalige Bundespräsident Horst Köhler nannte dieses Verhalten im Jahr 2005 euphemistisch »freundliches Desinteresse«. Vier Jahre später, nachdem die öffentliche Wahrnehmung des Afghanistan-Konfliktes in Deutschland von der Wirklichkeit eingeholt worden ist, offenbart sich nun, dass es wohl nicht allein wohlwollende Teilnahmslosigkeit gegenüber dem Soldatischen gewesen ist, die hinter der verbreiteten Nichtbeachtung stand, sondern vielmehr Ignoranz, Ablehnung und mitunter offene Feindschaft.

Die Reaktionen auf die Bombardierung verdeutlichen die Neigung der postheroischen Gesellschaft, militärische Angelegenheiten nach den in der Berliner Republik gültigen zivilen Kategorien des Rechts und der Moral zu beurteilen. Hierhin gehört der Umstand, dass die Bundesanwaltschaft ab November 2009 die Ermittlungen der Generalstaatsanwaltschaft Dresden bezüglich der Frage, ob sich Oberst Klein mit seinem Befehl eventuell im Sinne des Völkerstrafgesetzbuches strafbar gemacht hat, übernimmt. Zudem wird der ehemalige Befehlshaber des PRT vor ein öffentliches Tribunal gestellt. Sein Befehl und dessen Folgen scheinen alle Vorurteile über deutsche Soldaten im Krieg zu bestätigen. Noch bevor Staatsanwaltschaften, Gerichte und Untersuchungsausschüsse ihre Arbeit aufnehmen, ist das Urteil bereits gefällt. Klein wird als Kindermörder und Kriegsverbrecher beschimpft, erhält Morddrohungen und muss gemeinsam mit seiner Familie zwischenzeitlich unter Polizeischutz gestellt werden.

Währenddessen rufen Bundeswehrgegner vom »Büro für Antimilitaristische Maßnahmen (BamM)« sowie der Berliner Landesverband der »Deutschen Friedensgesellschaft-Vereinte KriegsgegnerInnen (DKG-VK)« im Dezember 2009 dazu auf, jeden gefallenen Bundeswehrsoldaten mit einem Saufgelage am Ehrenmal der Bundeswehr im Bendlerblock zu feiern. Das Motto lautet: »Man soll Feste feiern, wie sie fallen!« Schließlich sei der Tod eines deutschen Soldaten ein weiterer »Schritt zur Abrüstung – wieder einer weniger«, wie die DKG-VK ein Jahr zuvor ein Plakat betitelte, auf dem drei Bundeswehrsoldaten zu sehen sind, die den Sarg ihres toten Kameraden tragen. Die saarländische MdB Yvonne Ploetz von der Linkspartei greift 2010 auf nicht ganz so rabiate Bilder zurück, um ihre Abscheu gegenüber der bundesdeutschen Parlamentsarmee zu artikulieren. Neben dem Plakat, das an der Tür ihres Berliner Büros hängt und Soldaten und Feldwebel als »doofe« Schweine bezeichnet, vertritt sie die simple Auffassung: »Beim Bund ist alles doof!«[35]

Der Afghanistan-Einsatz, der aus deutscher Sicht 2009/10 seinen Höhe- und Wendepunkt erreichte, zeigt in aller Deutlichkeit: die Berliner Republik ist weder kriegs- noch verteidigungsfähig. Das gilt für die mentale Verfassung der Bevölkerung wie für die Politik, aber auch für weite Teile der Bundeswehrführung.

DAS WEISSBUCH DER BUNDESWEHR 2016

Beim Weißbuch der Bundeswehr handelt es sich um das »oberste sicherheitspolitische Grundlagendokument der Bundesrepublik. Es nimmt eine strategische Standort- und Kursbestimmung für die deutsche Sicherheitspolitik vor. Damit ist es der wesentliche Leitfaden für die sicherheitspolitischen Entscheidungen und Handlungen unseres Landes.«[36] Adressaten sind der Bundestag, Verbündete und natürlich die bundesdeutsche Öffentlichkeit.

Vordergründig machen Weißbücher den Eindruck, als stellten sie Planungsdokumente hinsichtlich der Frage dar, wie die Interessen und Ziele nationaler Politik in Anbetracht der sicherheitsrelevanten Risiken und Herausforderungen verteidigt beziehungsweise erreicht werden können und welche Mittel und Instrumente dafür zum Einsatz kommen. Daneben gewähren Weißbücher als Regierungsdokumente aber einen tief Blick in die sicherheits- und verteidigungspolitischen Positionen der Bundesregierung. Ihnen kommt daher eine große Bedeutung zu: sowohl bei internationalen Partnern, als auch in Wirtschaft und Zivilgesellschaft.

Das erste Weißbuch erscheint im Nachkriegsdeutschland 1969 unter der Ägide des damaligen Verteidigungsministers Gerhard Schröder. Mit der öffentlichen Bestandsaufnahme trägt es der tiefen Vertrauenskrise Rechnung, die anderthalb Jahrzehnte nach der Wiederbewaffnung und sieben Jahre nach der SPIEGEL-Affäre das Verhältnis der Westdeutschen zu ihrer Armee prägt. Das Weißbuch ist überdies ein Zeichen gegen die Traditionalisten und restaurativen Kräfte innerhalb der Bundeswehr, die die neue Armee in der Nachfolge der alten preußischen Ideale sehen und auf der Sonderrolle und Eigengesetzlichkeit des Militärischen bestehen. Ihnen gegenüber stehen die Reformer, die sich um die Eingliederung der Streitkräfte in die Nachkriegsgesellschaft bemühen.

Zwischen 1969 und 1985 erscheinen insgesamt acht Weißbücher in regelmäßigen Abständen von zwei bis drei Jahren. Danach werden bis heute nur noch drei weitere veröffentlicht: 1994, 2006 und 2016. Eine bemerkenswerte Tatsache angesichts der Zeitenwende von 1990 und den sich daraus ergebenden weltweiten Unruhen sowie dem Umstand, dass dem wiedervereinigten und souveränen Deutschland neue Aufgaben und Verantwortungen zuwachsen. Es hätte also mehr als genug Gründe gegeben, den Leitfaden sicherheitspolitischen Handelns den sich rasch verändernden geopolitischen Gegebenheiten anzupassen. Doch das ist nicht der Fall. Stattdessen stellten die Bundesregierungen ihre strategischen Überlegungen praktisch ein und suchten sich sozusagen »anlassbezogen« über die Rolle des Landes in der Welt klar zu werden.

35 Vgl. Jan W. Schäfer: »Linken-Abgeordnete verhöhnt unsere Soldaten«, abrufbar unter www. bild.de, 20.4.2010.
36 Bundesministerium der Verteidigung (Hrsg.): *Weißbuch 2016. Zur Sicherheitspolitik und zur Zukunft der Bundeswehr*, Berlin 2016, S. 15.

Unabhängig davon zeichnete sich das deutsche Weißbuch, im Gegensatz zu vergleichbaren Dokumenten verbündeter Armeen, traditionell durch seine Konzentration aufs Militärische aus. Damit ist es aber in der neuesten Ausgabe aus dem Jahr 2016 vorbei. Mit der Zuspitzung des postheroischen Zeitgeistes ist nun das »Primat des Zivilen« zur Realität geworden. Das beginnt bereits mit dem Entstehungsprozess des unter der Führung von Verteidigungsministerin Ursula von der Leyen erstellten Strategiepapiers:

»Das Weißbuch ist das erste sicherheitspolitische Grundlagendokument, das auf einer inklusiven Beteiligungsphase aufbaut. Nationale und internationale Expertinnen und Experten sowie interessierte Bürgerinnen und Bürger konnten sich auf unterschiedliche Weise in die Diskussion über die Zukunft deutscher Sicherheitspolitik einbringen.«[37]

Ergebnis ist ein Papier, das 143 reich und bunt bebilderte Seiten umfasst, womit es ohnehin schon außerordentlich schmal geraten ist. Zieht man die Fotografien, Gliederungen und das Glossar ab, bleiben weit weniger als einhundert Seiten, die sich mit der militärischen Situation Deutschlands in einer zunehmend aus den Fugen geratenen Welt beschäftigt.

Darüber hinaus stellt das Weißbuch von 2016 – ebenfalls eine Neuerung in der Geschichte der Weißbücher – kein ressorteigenes Grundlagendokument mehr dar. Der erste von zwei Teilen mit dem Titel »Sicherheitspolitik« ist in der Hauptsache vom Außenministerium zu Papier gebracht. Das wird vor allem daran ersichtlich, dass die Analyse der sicherheitspolitischen Bedrohungslagen und Herausforderungen nicht mehr, wie in den Ausgaben zuvor, in militärischen Schlussfolgerungen mündet, sondern sich im üblichen Polit-Wortgeklingel ohne großen Erkenntnisgewinn ergeht. 2006 gelangten die Autoren des Weißbuches beispielsweise zu der (zwar folgenlosen) Erkenntnis, dass die Bundeswehr eine »Armee im Einsatz« sei. Sie holten damit auch theoretisch nach, was in der Realität längst der Fall war. Zehn Jahre später ist von einem solchen Bemühen nichts mehr zu spüren, ausgenommen der Ankündigung, eine Cyber-Truppe aufbauen zu wollen. Daneben finden andere wichtige und grundlegende Aspekte keine Berücksichtigung. Dabei ist in der Zwischenzeit ein

Kriegseinsatz (Afghanistan) verloren gegangen, die Bundeswehr zu einer Freiwilligen/Berufsarmee umgebaut und die Verantwortung Deutschlands in der Welt gewachsen. Nur was alle diese Verschiebungen für den Infanteristen, Matrosen oder Luftwaffensoldaten bedeuten, bleibt unklar. Das selbsternannte Grundlagendokument gibt hierauf keine Antwort.

Das Fehlen einer »großen Strategie«, wie bereits im Verlauf des Afghanistankrieges deutlich geworden, findet im Weißbuch der Bundeswehr 2016 seine Fortsetzung. Zwar wird anerkannt, dass »Deutschlands sicherheitspolitisches Umfeld (…) noch komplexer, volatiler, dynamischer und damit schwieriger vorhersehbar geworden«[38] ist und die Liste potentieller Gefahrenquellen zugenommen hat. Sie reicht vom transnationalen Terrorismus über Russland, den Cyber- und Informationsraum, zwischenstaatliche Konflikte, fragile Staatlichkeit und schlechte Regierungsführung, weltweite Aufrüstung und Profileration von Massenvernichtungswaffen, bis hin zur Gefährdung der Informations-, Kommunikations-, Versorgungs-, Transport- und Handelslinien, der Sicherheit der Rohstoff- und Energieversorgung, bis hin zum Klimawandel, unkontrollierter und irregulärer Migration (sic!)[39] sowie schließlich zu Pandemien und Seuchen.[40]

Diese möglichen Gefahrenherde stehen alle isoliert nebeneinander, ohne dass die Bundesregierung eine Fokussierung oder Gewichtung vornimmt. Folgerichtig fehlt jede groß angelegte Strategie. In Wirklichkeit ist das Grundlagendokument deutscher Sicherheitspolitik nur ein Kompromisspapier, in dem sich das Außen- und Verteidigungsministerium auf eine gemeinsame Beschreibung der Weltlage einigen konnten, nicht jedoch auf die militärischen Schlüsse, die daraus zu ziehen sind.

Die Abwesenheit einer Gesamtstrategie hält die Bundesregierung allerdings nicht von einer »interessen- und wertgebundenen« Außen-

---

37 Bundesministerium der Verteidigung: *Weißbuch 2016*, S. 17.
38 Bundesministerium der Verteidigung: *Weißbuch 2016*, S. 29.
39 Immerhin stuft die Bundesregierung damit ihre eigene Politik vom Vorjahr als Sicherheitsrisiko ein.
40 Bundesministerium der Verteidigung: *Weißbuch 2016*, S. 11.

und Sicherheitspolitik ab, die für sich ein weltweites Mitspracherecht in Anspruch nimmt. Denn »Deutschlands sicherheitspolitischer Horizont ist global.«[41] Das bedeutet gleichzeitig, dass die Bundesregierung auch außerhalb der Systeme kollektiver Sicherheit wie der NATO oder der Vereinten Nationen aktiv bleiben will. Damit sind »anlassbezogene« Ad-hoc-Kooperationen mit Staaten oder Gruppierungen gemeint, die zur Lösung eines Konflikts vor Ort beitragen können, aber nicht durch entsprechende Resolutionen oder Beschlüsse gedeckt sind. Exemplarisch dafür stehen verschiedene diplomatische Formate, durch die beispielsweise der Atomkonflikt mit dem Iran oder auch die Ukrainekrise beigelegt werden sollen, sowie die jüngsten Waffenlieferungen an kurdische Milizen, die im Kampf gegen den IS stehen. Letzteres zeigt, dass die Bundesregierung durchaus willens ist, im Rahmen deutscher »Sicherheitsvorsorge« Wege einzuschlagen, die in Nachkriegsdeutschland bislang als undenkbar galten, in diesem Fall die Lieferung von Kriegsgerät in ein Kriegsgebiet.

Es passt zum Bild von der postheroischen Gesellschaft, dass der fortgesetzten Militarisierung der Außenpolitik im Namen eines moralischen Imperativs gleichzeitig die Entmilitarisierung der Streitkräfte gegenüber steht. Das veranschaulicht der zweite Teil des Weißbuches. Überschrieben ist er mit: »Zur Zukunft der Bundeswehr.« Er gibt Auskunft über Auftrag, Anforderungen und Aufgaben der Bundeswehr, deren Leitprinzipien und Vorgaben sowie über die »Gestaltungsbereiche für eine zukunftsfähige Bundeswehr.«

Die Gegenwart der deutschen Parlamentsarmee fehlt dagegen im Weißbuch 2016. Wo in früheren Ausgaben über den aktuellen Zustand der Bundeswehr referiert wurde, klafft nun eine Leerstelle. Das Verteidigungsministerium verzichtet auf eine generelle Bestandsaufnahme der deutschen Streitkräfte. Dabei wäre eine solche gerade vor dem Hintergrund der in letzter Zeit vermehrt kursierenden Nachrichten über Material- und Ausrüstungsmängel umso dringlicher. Darüber hinaus erfährt der Leser weder etwas über Mann- und Einsatzstärke der Bundeswehr, noch über die Anzahl der Divisionen, noch über den Bestand an Panzern, Kampfflugzeugen oder sonstigem Kriegsgerät. Man gewinnt den Eindruck, als hätte man im Wehrministerium inzwischen das gesamte hauseigene Vokabular verdrängt. Darauf deutet jedenfalls die Tatsache hin, dass im gesamten Dokument nicht ein einziges Mal die Begriffe »Heer«, Marine« oder »Luftwaffe« beziehungsweise »Panzer«, »Infanterie«, »Kampfflugzeug« oder »Drohne« auftauchen. Dafür aber achtmal der »Weltraum«, den die Bundesregierung ebenfalls und ausdrücklich zu Deutschlands sicherheitspolitischem Horizont zählt und für dessen freie Nutzung sie sich einzusetzen verspricht.

Ebenfalls unerwähnt bleibt im aktuellen Weißbuch der Afghanistan-Einsatz der Bundeswehr, obgleich es sich dabei um die längste bewaffnete Auseinandersetzung handelt, in die je ein deutscher Nationalstaat verwickelt war – und noch ist. Das deutsche Engagement in Afghanistan ist nämlich keineswegs beendet. Unverändert stehen rund eintausend deutsche Soldaten im Einsatz, wenn auch nicht mehr an vorderster Front, so doch im vermeintlich sicheren Hinterland, wo sie sich um die Ausbildung afghanischer Rekruten kümmern. Die Sicherheitslage hat sich in den letzten Monaten aber derart verschlechtert, dass eine erneute Aufstockung um mehr als vierhundert Soldaten bereits angedacht wird, die dem Schutz der deutschen Ausbilder und Berater vor Ort dienen sollen. Zudem käme die Bundesregierung damit einem Wunsch der USA nach, mehr afghanische Rekruten auszubilden, wobei die zusätzlichen Soldaten an weitaus gefährlicheren Orten als Kunduz oder Masar-i-Sharif verwendet würden. Obwohl eine Art Re-Eskalation des Afghanistan-Einsatzes absehbar ist und wahrscheinlich noch lange Zeit Teile der Streitkräfte bindet, wird das Land am Hindukusch nur zweimal im gesamten Weißbuch erwähnt. Zum einen in der Vorrede, zum anderen im Fazit am Ende, beide Male eingebettet in die übliche nichtssagende Polit-Prosa.

Statt sich einer tieferen Analyse der Gründe, die zum Scheitern des Einsatzes führten, zu widmen oder die militärischen Erkenntnisse und Lehren, die man im Bendlerblock daraus gezogen hat, zu präsentieren, beschäftigt man sich lieber mit der Zwangszivilisierung der Armee.

---

41 Bundesministerium der Verteidigung: *Weißbuch 2016*, S. 56.

Die »Förderung von Vielfalt und Chancengleichheit, etwa im Hinblick auf ethnische Herkunft, sexuelle Orientierung und Geschlechtsidentität (...) ist eine Führungsaufgabe.«[42] Mit diesem Katalog buntdeutscher Schlüsselwörter setzt die postheroische Gesellschaft endgültig zum Sturm auf die »heroische Insel« in ihrer zivilen Mitte an. Dem Militär soll seine Eigengesetzlichkeit ein für alle Mal ausgetrieben werden. Diejenigen, die bereit sind, unter Einsatz ihres Lebens Land und Bevölkerung zu verteidigen, sollen sich in ihrer Motivation und psychologischen Struktur nicht von einem ganz normalen Berufstätigen unterscheiden. Nach Ansicht der Wehrministerin handelt es sich bei der Bundeswehr um ein ganz normales Unternehmen, einen Arbeitgeber wie jeden anderen. Mit dieser Auffassung wird die Konzeption von der »Inneren Führung« zum in der Welt vielleicht einzigartigen Versuch, den Soldaten mit dem Zivilisten zu versöhnen, folgerichtig zur schnöden »Unternehmenskultur.«[43]

Das eindringlichste Beispiel für die Entmilitarisierung findet sich im zentralen Begriff des gesamten Weißbuches: »Resilienz«. Ursprünglich stammt der Begriff aus der Entwicklungspsychologie und bezeichnet die individuelle innere, seelische Stärke im Umgang mit Krisen und außergewöhnlichen Zuständen. Auf die Berliner Republik übertragen bedeutet dies, die Widerstands- und Regenerationsfähigkeit von Staat und Gesellschaft »gegenüber Störungen, etwa durch Umweltkatastrophen, schwerwiegende Systemfehler und gezielte Angriffe. Ziel ist es, Schadensereignisse absorbieren zu können, ohne, dass die Funktionsfähigkeit von Staat, Wirtschaft und Gesellschaft nachhaltig beeinträchtigt wird.«[44] Dafür müsse das Land Resilienz aufbauen. Was in der Realität darunter verstanden wird, demonstriert die Behandlung der Opfer des radikal-islamischen Terroranschlags auf dem Weihnachtsmarkt am 19. Dezember 2016 am Breitscheidplatz in Berlin, weniger als ein halbes Jahr nach Veröffentlichung des Weißbuches. Die Toten sind Störenfriede, die man am liebsten ignorieren würde. Erst auf Druck der Öffentlichkeit reagiert die Politik mit einer Trauerfeier. Niemand in diesem Land soll durch die islamistische Bedrohung verunsichert werden, alles ist gut, gehen Sie weiter, es gibt hier nichts zu sehen.

Im Weißbuch 2016 ersetzt Resilienz die Wehrfähigkeit. Letztere existiert im gesamten Dokument nicht. Dabei sind die beiden Begriffe keineswegs Synonyme. Resilienz stellt nur die, wenn auch sehr wichtige, zivile Facette der Wehrfähigkeit eines Landes dar. Das gesamtgesellschaftliche Vermögen, trotz spürbarer Erfolge des Feindes öffentlich Ruhe, Ordnung und Sicherheit zu bewahren, gehört spätestens seit der Totalisierung des Krieges zur mentalen Grundausstattung von Gesellschaften. Wie etwa am Beispiel Vietnams ersichtlich, steht und fällt mit ihr die Verteidigungsbereitschaft und -fähigkeit, das gilt umso mehr in demokratischen Gesellschaften.

Neben der zivilen besitzt der Begriff der Wehrfähigkeit eine militärische Komponente. Sie markiert den Unterschied zwischen einer Gesellschaft, die die Attacken des Angreifers erduldet und einer Gesellschaft, die sich dagegen zur Wehr setzt, mit allen ihr zur Verfügung stehenden rechtsstaatlichen Mitteln. Vor dem Hintergrund neuer Bedrohungslagen und der Logik der Neuen Kriege wäre es die Aufgabe der Inhaberin der Befehls- und Kommandogewalt ein, wenn schon nicht ausgearbeitetes, so doch umrissenes Verteidigungskonzept, basierend auf den gegebenen Möglichkeiten, vorzulegen. Doch auch hier – Fehlanzeige.

Das Weißbuch sagt weit mehr über den inneren Zustand der Bundeswehr und ihrer Führung aus, als es selbst bereit ist preiszugeben. Es steht symbolisch für eine Armeespitze, für die Probleme nicht zu existieren scheinen, und wenn doch, so werden sie marginalisiert und bagatellisiert. Zudem präsentiert sich darin ein Wehrministerium, gefangen in der eigenen Hypermoral, das sowohl den Weltraum zum deutschen Interessensgebiet erklärt, wie auch willens ist, die Bundeswehr global und jederzeit als Instrument zur Durchsetzung regierungsamtlicher Erlasse einzusetzen. Und schließlich offenbart sich im Weißbuch die Ignoranz der obersten militärischen Dienstbehörde gegenüber der Eigengesetzlichkeit des Soldatenstandes. Die Autoren

---

42 Bundesministerium der Verteidigung: *Weißbuch 2016*, S. 123.
43 Bundesministerium der Verteidigung: *Weißbuch 2016*, S. 114.
44 Bundesministerium der Verteidigung: *Weißbuch 2016*, S. 49.

scheinen nicht in der Lage, in anderen als zeitgeistigen und d.h. hier »zivilen Kategorien« zu denken.

Für das Land und die Sicherheit der Bevölkerung bedeutet dieses Weißbuch nichts Gutes. Schon heute ist die Bundeswehr »nicht abwehrbereit«[45]. Daran wird sich auch in Zukunft nichts ändern. In einem Deutschland, dessen politische Eliten durch ihre Entscheidungen mit der Auflösung staatlicher Ordnung begonnen haben, ist eine Organisation, die für den Erhalt eben jener Ordnung eintritt, ein Anachronismus geworden.

45 Martin Sebaldt: *Nicht abwehrbereit. Die Kardinalprobleme der deutschen Streitkräfte, der Offenbarungseid des Weißbuchs und die Wege aus der Gefahr*, Berlin 2017.

V. GEGENWARTEN

DIE RÜCKKEHR DES FEINDES

Seit den 50er Jahren des 20. Jahrhunderts hat in Westeuropa eine historisch wohl einmalige Entwicklung ökonomischen Aufschwung als auch politische Sicherheit gebracht. Insbesondere Deutschland konzentrierte nach dem apokalyptischen Untergang des Dritten Reiches alle seine Energien in den Wiederaufbau und auf das Feld der Wirtschaft – mit beispiellosem Erfolg. Es konnte diesen Akzent umso mehr setzen, da die binäre Struktur der Nachkriegszeit die Welt in Balance hielt und man selbst militärisch unter dem Rockschoß des amerikanischen Verbündeten saß. Jede Form von Machtpolitik, jedes nationale Interesse jenseits ökonomischer Parameter war und ist seitdem verpönt. Die eigene Vergangenheit hatte ja dramatisch und schmerzhaft gezeigt, wohin der deutsche Sonderweg führen kann.

Im scheinbaren Gegensatz zur wirtschaftlichen Rationalität stand eine zunehmende Protestkultur, deren überbordende Moral in Westdeutschland zu grenzenlosen Forderungen nach Frieden, Wohlstand und Glück führten – für jeden, sofort und überall. Dieser gesinnungsethische Totalitarismus hat mit der Grenzöffnung im September 2015 seinen vorläufigen Höhepunkt gefunden, steht aber in einer Kontinuität mit dem moralischen Protest, der von Anfang an »den Menschen« an sich, jenseits aller kulturellen oder intermediären Bindungen, zum Objekt seiner Fürsorge erklärte. Wirtschaftsmacht, Entpolitisierung und ein humanitärer Universalismus machen Deutschland zu einer Art Vorreiter einer post-politischen Ära, die einen befriedeten Zustand symbolisierte, in dem das verkündete »Ende der Geschichte« eine reale Entsprechung fand.

Bekanntlich kam aber alles anders. Mit dem Zerfall der Sowjetunion, dem neuerlichen Aufstieg des radikalen Islam und dem gigantischen Youth Bulge, einem Überschuss an jungen Männern in den afrikanischen und arabischen »Failed States«, sind neue Herausforderungen entstanden, deren Tragweite alle vertrauten Muster und gängigen Imperative zur Disposition stellen. Das gilt vor allem auch im Hinblick auf gewalttätige Konflikte und veränderte Formen der Kriegführung. Eine durch und durch befriedete Welt trifft auf einen Feind, der sich nicht an die zivilisatorischen Spielregeln hält und mit dem keine Verhandlungen über irgendwelche politischen Forderungen möglich sind. Erschwerend kommt hinzu: dieser Feind ist, durch politische Entscheidungen forciert, mitten unter uns und so verwischen sich alltägliche Gewalt, Kriminalität und Terror immer mehr.

Insbesondere in Deutschland ist der »Feind« als politische Figur diskreditiert und aus dem offiziellen Diskurs verschwunden: es darf ihn einfach nicht (mehr) geben. An einem naiven Fortschrittsparadigma orientiert, wird die historische Entwicklung der vergangenen Jahrzehnte als der Übergang allseitiger Feindschaft zum Freundschaftsbund der europäischen Einigung betrachtet. Diese Sichtweise wird umstandslos auf die ganze Welt übertragen. Nicht umsonst ist die hehre Anrufung der Idee von Europa für alle Parteien mit Ausnahme der AfD in Deutschland sakrosankt. Europakritiker ist geradezu zum Schimpfwort und Ausweis einer reaktionären Haltung geworden.

Politik und Publizistik sind sich in Deutschland fast unisono darin einig, dass die Bedrohung heute nicht von einem realen Feind ausgeht, sondern von denjenigen, die diesen Begriff verwenden, sozusagen »Hate speech« im eigenen Land betreiben. Wer heute noch von Feinden spricht, zeigt nur, dass er in alten und reaktionären Mustern gefangen, ein Mensch von gestern ist. Die Verwendung der Kategorie des Feindes ist lediglich Ausdruck einer inneren Pathologie, letztendlich ein primitives Vorurteil und moralisches Defizit von Modernisierungsverlierern in einer globalisierten Welt.

Die Desorientierung hat ihren Hauptgrund im Verschwinden einer eindeutigen Ordnung. Der Kalte Krieg war eine Ära der fixierten Feindbilder: westlicher Antikommunismus traf auf sozialistischen Antiimperialismus. Bipolare Ordnungen scheinen den Feindbegriff zu verstärken. Nach dem Zerfall des kommunistischen Blocks begann eine Zeit der Auflösung vertrauter Muster. Mit dem Verschwinden oder zumindest der Diskreditierung kollektiver Identitäten wie Volk, Nation, Rasse oder Klasse hat ein postpolitisches Zeitalter begonnen, das auf Inklusion und einen universalen/globalen Anspruch auf die

Überlegenheit seiner abstrakten Werte setzt. Der Begriff des Feindes hat hier keinen Platz mehr. Niemand soll besiegt, vielmehr sollen alle inkludiert werden.

Diese Verschiebung zeigt sich am deutlichsten in der üblichen Reaktion auf den islamistischen Terror, dessen Ursachen immer noch in rationalen Gründen oder im eigenen Verhalten gesucht werden, das nur zu ändern ist, damit die Gegenseite besänftigt wird. Dafür schreckt man vor keinem Kotau zurück, auch im eigenen Land, das Radikale durch Erziehungsprogramme wieder in die Gesellschaft zu »integrieren« versucht oder zumindest präventiv eine Radikalisierung verhindern soll. Gemäß dem Dogma der inklusiven Politik kann der (potenzielle) islamistische Gewalttäter durch mehr Bildung, Überzeugungs- und Integrationsarbeit befriedet und am Ende sogar rehabilitiert werden. Dafür müssen nur genügend Geld, Sozialarbeiter, Pädagogen, Psychologen und Arbeitsplätze zur Verfügung gestellt werden. Im Prinzip ist der Terror ein soziales Problem, die eigentlichen Ursachen sind Ausbeutung, Unterdrückung, Diskriminierung und Rassismus. Die Lösung liegt daher in einer Art Universalisierung des Sozialstaats, entweder in Form von Entwicklungshilfe oder in der großzügigen Alimentierung und Versorgung einwandernder Migranten, um – so im Januar 2018 der Kriminologe Christian Pfeiffer – zu verhindern, dass sie gewalttätig werden.

Die amerikanischen Regierungen deuten den Terror, im Gegensatz zur deutschen Sichtweise, weniger »sozial« bedingt, als politisch. Es ist der Mangel an Demokratie in den betroffenen Ländern, der ihre Instabilität und die Radikalisierung junger Männer und ihre Hinwendung zum Islam erklärt. Die politische Konsequenz daraus ist die militärische Intervention und der Sturz diktatorischer Regime, also »Demokratieexport«, damit die Ursachen und die Basis des Terrorismus beseitigt werden. Wie wir heute wissen, ist diese Strategie, ebenso wie die Integrationsbemühungen der westeuropäischen Länder, nicht gerade von Erfolg gekrönt. Samuel Huntington benennt in seiner berühmten Studie von 1993, *The Clash of Civilizations*, den moralischen Imperialismus denn auch als eine wichtige Quelle für Instabilität: »Western intervention in the affairs of other civilizations is probably the single most disastrous source of instability and potential global conflict in a multicivilizational world.«[1]

In beiden oben genannten Fällen folgt die Erklärung für den Terror den vertrauten Mustern unserer eigenen Welt, es sind Projektionen von Überzeugungen, die nicht sehen können oder wollen, dass der Andere um seine kulturelle Identität kämpft, die er gerade in Abgrenzung gegen das Wertesystem des Westens konstituiert, das ihm in seinen Augen feindlich gegenübersteht. Deshalb gehen alle (linken) Vorstellungen von Integration am eigentlichen Problem weit vorbei: es existiert in der Regel kein Wunsch nach Integration, sondern nach *Differenz*, da diese Identität verspricht. Nur darf es eine Differenz in den Augen der humanitaristischen Ideologie, die die deutsche Politik bestimmt, einfach nicht geben, da das die Anerkennung von Partikularismen (ethnisch, religiös, kulturell) zur Folge hätte, die ein friedliches Zusammenleben gefährden. Dass die einwandernden Afghanen, Iraker, Somalier etc. ihre mentale Disposition an der deutschen Grenze ablegen, ist eine der vielen Glaubenssätze einer Politik des moralischen Universalismus. »Wir sind alle Menschen«, so könnte man die naive Sichtweise in einer Formel zusammenfassen.

Das Problem, den »Anderen« in seiner Eigenart nicht begreifen zu können, zieht sich durch die menschliche Geschichte. So wie die Perser den Furor der griechischen Phalanx, die Azteken die spanischen Konquistadoren nicht zu begreifen vermochten oder die US-Truppen in Vietnam auf einen Feind trafen, der offensichtlich bereit war, bis zum Äußersten zu gehen, so haben wir es heute mit einer Situation zu tun, in der eine längst vergessene Gestalt des Feindes zurückgekehrt ist. Das zeitlich nächste und vielleicht bekannteste Beispiel für das Nichtverstehen dieser Art des Feindes ist die Appeasement-Politik der 30er Jahre des 20. Jahrhunderts. Für den französischen Ministerpräsidenten Édouard Daladier und den britischen Premierminister Neville Chamberlain war eine Figur wie Hitler unbegreiflich, zu sehr waren sie in ihren bürgerlichen, humanitären und zivilen Kategorien gefangen. Ihr Entgegenkommen in der Hoffnung, den politischen Gegner zu besänftigen, führte zum Münchner Abkommen. Es brauchte danach einen Winston Churchill, der Archetypus eines alten Kriegers, um dem deutschen Diktator erfolgreich Widerstand entgegenzusetzen und die englische Nation hinter sich zu versammeln.

Bis spätestens zum September 2001 hatten wir es, wenn wir dem amerikanischen Zivilisationshistoriker Lee Harris folgen, mit drei unterschiedlichen Ausprägungen von Feinden zu tun:

1. Der Feind als wirtschaftlicher Konkurrent, der, falls notwendig, bereit ist, Gewalt anzuwenden, um sich bestimmte Güter anzueignen.

2. Der Feind als Unterdrückter, der um seine Souveränität (etwa seine nationale Unabhängigkeit, gleiche Rechte usw.) kämpft.

3. Der Feind, der versucht, uns zu zwingen, seine Überlegenheit und Superiorität anzuerkennen.[2]

Historisch tritt die erste Figur in aller Deutlichkeit im Zuge der Industrialisierung als ökonomischer Rivale auf. Der Krieg wird mehr und mehr überflüssig, da der Handel eine weit effektivere Alternative ist, Waren und Güter im Austausch zu erhalten. Schon Immanuel Kant erwartete 1793 in seiner Schrift *Vom ewigen Frieden* vom Ausbau internationaler Handelsbeziehungen eine Eindämmung des kriegerischen Konfliktverhaltens der Staaten:

»Es ist der Handelsgeist, der mit dem Kriege *nicht* zusammen bestehen kann und der früher oder später sich jedes Volkes bemächtigt. Weil nämlich unter allen die Staatsmacht untergeordneten Mächten (Mitteln) die Geldmacht wohl die zuverlässigste sein möchte, so sehen sich Staaten (freilich wohl nicht eben durch Triebfedern der Moralität) gedrungen, den edlen Frieden zu befördern und, wo auch immer in der Welt Krieg auszubrechen droht, ihn durch Vermittlungen abzuwehren.«[3]

---

1   Samuel Huntington: *The Clash of Civilizations and the Remaking of Word Order*, New York 1996, S. 312.

2   Vgl. Lee Harris: *Civilization and Its Enemies. The Next Stage of History*, New York 2004, S. 38.

3   Immanuel Kant: *Zum ewigen Frieden. Ein philosophischer Entwurf*, Stuttgart 1984 (Orig. 1795), S. 33.

Das hieße in der Konsequenz eine Stärkung von Handel und Konsum zu forcieren und weniger Rechtsvorstellungen zu verallgemeinern. Es ginge also darum, Moral nicht ethisch zu begründen oder rechtlich zu fordern, sondern ökonomisch: aus der Evolution der Kooperation, die mit der Arbeitsteilung einhergeht. Folglich müsste man nicht Menschenrechte exportieren, sondern den westlichen Konsum verstärken.[4] Dieses Theorem funktioniert aber nur bei einem Gegner, der rationalen Überlegungen zugänglich ist, der uns ähnlich, also letztlich »käuflich« ist.

Kant erwartete über den Freihandel und gegenseitige wirtschaftliche Verflechtungen einen Rückgang kriegerischer Auseinandersetzungen, da Krieg sich einfach nicht mehr lohnt. Er bemüht hier ein sozioökonomisches Argument, das im gegenwärtigen Konflikt zwischen religiösem Fundamentalismus und westlichen Konsumgesellschaften regelmäßig auftaucht. Der amerikanische Autor Benjamin Barber vertritt in seinem 1996 erschienenen Buch *Dschihad vs. McWorld* die Auffassung – die Kant sicher teilen würde – dass auf lange Sicht der Siegeszug von McWorld, also Handel und Konsum, unaufhaltsam sein wird:

»Die Mikrokriege des Dschihad werden die Schlagzeilen noch bis weit in das nächste Jahrhundert füllen und die Prognosen von einem Ende der Geschichte als töricht erscheinen lassen. Aber McWorlds Homogenisierung wird mit aller Wahrscheinlichkeit einen Makrofrieden zur Folge haben, der den Triumph des Handels und seiner Märkte begünstigt und die Kontrolle über die Weltkultur wie das Geschick der Menschheit letztes Endes (wenn auch unabsichtlich) denen ausliefert, die über Information, Kommunikation und Unterhaltung herrschen.«[5]

Diese Zeilen sind vor dem 11. September 2001 geschrieben worden und es ist heute mehr als fraglich, ob die Prognose zutreffen wird.

Die zweite Figur bei Harris, der Feind als Unterdrücker, der seinen gleichwertigen Status einfordert, wird, so die allgemeine verbindliche Sichtweise der westlichen Welt, in dem Maße verschwinden, in dem wir ihm gleiche Rechte zugestehen, also mit den liberalen und demokratischen Prinzipien unserer aufgeklärten Welt ernst machen, die für alle umstandslos und überall gelten (sollen). Eine größere Herausforderung ist die dritte Figur des Feindes, derjenige, der von uns seine Überlegenheit bestätigt kriegen will, ein Wille zur Anerkennung, der mit ökonomischen oder rationalen Gründen nicht erklärt werden kann, sondern psychologisch dem Prestige angehört, dass der Glaube an die eigene Superiorität, also die quasi natürliche Überlegenheit über alle anderen (Religionen, Ethnien, Rassen etc.) mit sich bringt. Der Politikwissenschaftler Francis Fukuyama, der den viel zitierten Terminus des »Endes der Geschichte« eingeführt hat, ist davon überzeugt, dass dieses Begehren in einer sich demokratisierenden Welt verschwinden wird, in der das Irrationale keinen Platz mehr hat:

»Liberal democracy replaces the irrational desire to be recognized as greater than others with a rational desire to be recognized as equal. A world made up of liberal democracies, then, should have much less incentive for war since all nations would reciprocally recognize one another's legitimacy.«[6]

Lassen wir an dieser Stelle offen, ob Fukuyamas optimistische Prognose eintreten wird und wenden wir uns einer vierten, ungleich problematischeren Kategorie des Feindes zu, den Lee Harris mit dem radikalen Islam wiederkehren sieht: *The Ruthlessness*, also der Schonungs- oder Gnadenlose. Faschismus und Kommunismus als historische Beispiele dieses Typus waren bereit, alles zu opfern, auch die eigene Bevölkerung, um ihre abstrakten Ziele (rassereine Gemeinschaft, Diktatur des Proletariats) zu erreichen. Es sind die unabänderlichen Gesetze der Geschichte, die sich ihren blutigen Weg bahnen. Unabhängig davon, wie der Einzelne handelte, dachte oder fühlte, als »objektiver Gegner« (Hannah Arendt) war er der Feind, der zu vernichten war, auch wenn er in keiner Weise eine Bedrohung darstellte. Feindschaft existiert also allein deshalb, weil uns ein Anderer

---

4 Diese Auffassung vertritt etwa der Medienwissenschaftler Norbert Bolz in seinem *Konsumistischen Manifest*, München 2002.
5 Benjamin Barber: *Coca Cola und Heiliger Krieg. Wie Kapitalismus und Fundamentalismus Demokratie und Freiheiten abschaffen*, Bern 1996, S. 243.
6 Francis Fukuyama: *The End of History and the Last Man*, New York 1992, S. XX.

zum Feind erklärt hat. Wie wir auch handeln, was wir auch zugestehen, es wird die Gegenseite nicht befrieden:

»It is the enemy who defines us as his enemy, and in making this definition he changes us, and changes us whether we like it or not. We cannot be the same after we have been defined as an enemy as we were before.«[7]

Im periodisch seit 2014 auf Englisch erscheinenden Online-Magazin des *IS* mit dem Titel *Dabiq*, in der islamischen Eschatologie der Ort, an dem die muslimischen Armeen zur Entscheidungsschlacht gegen ihre Feinde antreten, wird diese Tatsache einer absoluten Feindschaft an zahlreichen Stellen unmissverständlich ausgedrückt:

»The fact is, even if you were to stop bombing us, imprisoning us, torturing us, vilifying us, and usurping our lands, we would continue to hate you because our primary reason for hating you will not cease to exist until you embrace Islam. Even if you were to pay jizyah and live under the authority of Islam in humiliation, we would continue to hate you.«[8]

Der Feind braucht keinen Grund, uns zu hassen, es ist nicht unser Verhalten oder Nicht-Verhalten, das seinen Furor erzeugt. Es braucht keinen Donald Trump, der Jerusalem zur Hauptstadt Israels erklärt, keine Zeichnungen von Charlie Hebdo oder dänischen Karikaturisten, um eine ansonsten friedliche Umma zu schweren Gewalttaten zu provozieren:

»Der Aufstieg des zeitgenössischen Neo-Jihadismus ist nicht das Produkt einer wie immer auch verfehlten Politik Israels oder des Westens. (…) Der radikale Islam braucht keinen Grund, um zuzuschlagen. Der Zerstörungswille ist immer schon vorher da. Der Westen kann sich verdrehen und verbiegen wie er will, nichts wird den Hass der Radikalen beeinflussen. Er wird gehasst, weil er der Feind ist, und nicht, weil er sich falsch verhält.«[9]

Es scheint für zivile Gesellschaften unmöglich, insbesondere in Deutschland, dieses Faktum zu akzeptieren. Man steht der islamistischen Gewalt, genauso wie der Migrantengewalt in den eigenen Straßen und Städten, vollkommen ratlos gegenüber. Plastikarmbändchen wie Sylvester 2017 in Köln sollen Jungmänner aus tribalistischen

Gemeinschaften davon abhalten, Frauen zu »begrapschen«, »Flirtkurse für Asylanten« aus afghanischen Analphabeten »Frauenversteher« machen, Schutzzelte für Frauen sexuelle Übergriffe verhindern. Wir stehen den importierten Formen von Gewalt hilflos gegenüber, da wir sie lange aus unserem Bewusstsein verdrängen konnten, ganz einfach deswegen, weil sie keine Rolle in unserem Leben spielten. Der Vorteil auf Seiten derjenigen, die sich durch ihre Skrupellosigkeit nicht an die zivilen Spielregeln halten, wächst dabei nicht nur in Deutschland unaufhörlich. Polizei und Justiz sind auf diese Täter nicht vorbereitet, die jedes Nachgeben des Rechtsstaates (zurecht) als Zeichen seiner Schwäche deuten.

Ziehen wir eine Linie zu den antikolonialistischen Kriegen nach 1945. Für die westlichen Mächte wurde klar, dass selbst mit überlegenen militärischen Mitteln kein Sieg mehr errungen werden konnte, da die Opferbereitschaft auf der Gegenseite keine Grenze kennt, die eigene Heimat aber weder Opfer auf der eigenen noch auf der anderen Seite ertragen kann. Das bedeutet im Endeffekt, dass unter den heutigen Bedingungen diejenigen, die »Ruthlessness« (Harris) verkörpern, nicht mehr besiegt werden können, denn das würde voraussetzen, dass die westlichen Staaten in der Lage sein müssten, Soldaten oder Kämpfer für den Schutz ihrer Bürger zu rekrutieren, die über dieselbe Opferbereitschaft und Skrupellosigkeit in der Konfrontation verfügen. Zivilisierte Staaten agieren innerhalb des Dilemmas, sich entweder an die Regeln des (Kriegs-)Rechts zu halten, also sich dadurch zu schwächen, oder selbst so zu handeln und zu werden wie ihre erklärten Feinde. Beide Alternativen nähern sich – zu Ende gedacht – einer Art Selbstaufgabe an. Diese Aporie ist prinzipiell nicht zu lösen.

Unabhängig von der Existenz eines nicht zu besänftigenden oder zu korrumpierenden Feindes sind es mentale und strukturelle Entwicklungen seit den 60er Jahren, die die Selbstbehauptung einer durch und durch pazifizierten Gesellschaft unterlaufen. Die unbestreitbaren

---

7 Harris: *Civilization and Its Enemies*, S. XIV.
8 https://azelin.files.wordpress.com/2016/07/the-islamic-state-e2809cdacc84biq-magazine-1522.pdf (hier S. 33).
9 Eugen Sorg: *Die Lust am Bösen. Warum Gewalt nicht heilbar ist*, Zürich 2011, S. 130 und 144 f.

Vorteile einer auf Dialog, Konsens, Wissen und Kommunikation basierenden gesellschaftlichen Ordnung, einer Ordnung, für die zahlreiche und historisch nur selten auftretende Bedingungen in Kombination erfüllt sein müssen, werden in dem Moment obsolet, wo existenzielle Fragen an das eigene Überleben durch einen »Anderen« gestellt werden, der diese Ordnung als Bedrohung seiner Identität sieht. Wir müssen wohl anerkennen, dass unsere Weise zu leben, die Entstehung von Feindschaft nicht ausschließt, selbst wenn wir glauben, alles dafür zu tun, den Anderen nicht zu diskriminieren oder zu reizen: »And while it is true that the enemy always hates us for a reason, it is his reason and not ours. He does not hate us for our faults any more than for our virtues. He sees a different world from ours, and in the world he sees we are his enemy.«[10]

DER HASS AUF DAS EIGENE

Wer in Berlin regelmäßig an der S-Bahn-Station Warschauer Straße vorbeifährt, kann den riesigen weißen Schriftzug auf dem Dach eines Wohnhauses in der Revaler Straße nicht übersehen: »Deutschland verrecke!!!« Die Parole stammt aus dem Song *Deutschland muss sterben* der Punkband Slime und wurde im Jahr 2000 nach einer Klage durch die Richter des Bundesverfassungsgerichts (BVerfG) zur »Kunst im Sinne eines Grundrechts« erklärt. Lautete die Songzeile oder der Schriftzug »Türkei verrecke«, würde das BVerfG die Freiheit der Kunst, nur eine leise Vermutung, wohl nicht mehr als Argument gelten lassen. Nun kann man die Parole *Deutschland verrecke!!!* einfach als spätpubertären Ausfluss linksextremer Fanatiker abtun, die häufig selbst vom verhassten Staat alimentiert, als Student aus gutem Elternhaus von seinen Bildungsangeboten profitieren und alle Annehmlichkeiten zähneknirschend in Kauf nehmen, die das »Schweinesystem« ihnen bietet. Man mag darin aber auch ein allgemeines Symptom erblicken, das man mit dem Begriff der Dekadenz beschreiben kann. Diese besteht in einer feindseligen Haltung gegenüber der eigenen Gesellschaft und ihrer politischen Ordnung, bei gleichzeitiger Glorifizierung alles »Fremden«, kurz: einem Mangel an Selbstachtung und einem

Hass auf das Eigene. Selbst die amtierende Bundestagsvizepräsidentin Claudia Roth (Grüne) war sich nicht zu schade, hinter einem Transparent mit der Aufschrift »Nie wieder Deutschland« herzulaufen, während Parolen wie *Deutschland, Du mieses Stück Scheiße* gerufen wurden. In jedem anderen Land der Welt wahrscheinlich ein Rücktrittsgrund.

In der Abwertung des Eigenen, bei gleichzeitiger Aufwertung des Fremden, kommt das spezifische Merkmal der westlichen Zivilisation seit den 60er Jahren des 20. Jahrhunderts zum Ausdruck. Keine andere Kultur, Gesellschaft oder Religion hat diese Büßermentalität hervorgebracht, die im September 2015 in Deutschland in der Frage der Masseneinwanderung kulminierte.[11] Die dabei sich entwickelnde Dynamik zeigte, dass Selbstbehauptung und die Wahrnehmung nationaler Interessen unter Strafe des moralischen Verdiktes stehen. Der »Schuldkomplex« (Pascal Bruckner) der europäischen Gesellschaften hat eine lange historische Tradition und die christlich geprägte Idee der Erbsünde sozusagen säkularisiert. Man kann die staatliche Alimentierung hunderttausender Einwanderer aus tribalistischen Gemeinschaften in diesem Sinne als eine Form des Schuldabbaus an »Benachteiligten« verstehen. Eine Kultur, die Selbstkritik ins Zentrum ihrer Eigenbetrachtung stellt, neigt dazu, praktisch alle an sie gerichteten Schuldzuweisungen ernst zu nehmen. Die offizielle Politik in Deutschland hat aus der verordneten Akzeptanz einer ungeregelten Einwanderung eine Art »Bußpflicht« gemacht, selbst wenn sie von immer größeren Teilen der Bevölkerung abgelehnt wird.

Dass – in der Regel illegale – Einwanderer an deutschen Bahnhöfen mit Stofftieren und Applaus begrüßt und als »Symbole der Hoffnung« bezeichnet wurden, war mehr als eine hysterische Reaktion. Mit ihrer grenzenlosen Aufnahme konnte Deutschland zeigen, dass es bereit war, seine nationale und egoistische Identität abzulegen. Da unser Reichtum, so der breite Konsens in Medien und Politik, auf der

---

10 Harris: *Civilzation and Its Enemies*, S. XII f.
11 Die nachfolgenden Überlegungen finden sich in detaillierter Weise in mehreren Essays von Alexander Meschnig auf dem politischen Blog »Die Achse des Guten«, insbesondere: »Der westliche Selbsthass«, »Schuld und Erlösung« und »Die Eitelkeit des Guten« (www.achgut.com).

jahrhundertelangen Ausbeutung der »Anderen« beruht, ist es nur gerecht und unsere moralische Pflicht, die ganze Welt mit offenen Armen aufzunehmen, um eine ubiquitäre (soziale) Schuld abzubauen und endlich die lang ersehnte Absolution zu bekommen. Der französische Soziologe Pascal Bruckner schreibt zur Logik dieses Verhältnisses polemisch in seinem Buch *Der Schuldkomplex*:

»Europa schuldet Letzteren alles: Unterkunft, Verpflegung, Gesundheitsversorgung, Erziehung, ordentliche Löhne, prompte Erledigung ihrer Anliegen und vor allem Respektierung ihrer Identität. Bevor sie noch einen Fuß auf unseren Boden gesetzt haben, sind sie Gläubiger, die ihre Schulden einfordern.«[12]

Prinzipiell kann man von einer Art Heiligsprechung des Fremden, des Migranten oder des Flüchtlings, später: Schutzsuchenden, sprechen. Er allein kann den Komplex von Schuld und Buße auflösen und die Erlösung bringen. Den »Anderen« als empirische Gestalt darf es aber nicht geben, er bleibt ein reines Abstraktum, auf das man seine Xenophilie projiziert. Egal ob fundamentalistischer Moslem, islamistischer Terrorist, reaktionärer Patriarch oder gewalttätiger Krimineller, alle Menschen sind in Deutschland ohne Ansehen der Person willkommen. In einer quasi-religiösen Kollektivneurose nimmt der »Flüchtling«, so der Politikwissenschaftler Michael Ley in *Die kommende Revolte*, »den Status des Unantastbaren ein, dessen empirische Gestalt nicht thematisiert werden darf.«[13] Die Sprech- und Denktabus etwa bei Fragen nach exzessiver Migrantengewalt oder der Rolle islamistischer Prediger in deutschen Moscheen sind Beispiele dafür und haben die Spaltung der deutschen Gesellschaft seit dem September 2015 in fataler Weise befördert.

Nachdem die ältere Linke im Arbeiter das revolutionäre Subjekt sah, ist heute längst der (nichteuropäische) Migrant an Stelle des Proletariats getreten. Er ist der neue Säulenheilige der linken Utopie und soll das alte, müde und weiße Europa zugunsten der endlos zitierten Vielfalt »bunt« machen, d.h. die nationalen und kulturellen Identitäten zum Verschwinden bringen. Sie sind nur noch Symbole und Artefakte für eine rückständige Welt, die es zu überwinden gilt. Der amerikanische Politikwissenschaftler Paul Gottfried sieht im Multikulturalismus eine rein kompensatorische Ideologie, die nach dem Zusammenbruch des Sozialismus quasi eine Leerstelle füllte. Über eine ubiquitäre Schuld-Rhetorik der liberal-christlichen Mehrheit gegen sich selbst greife, so Gottfried, »ein Opfer- und Minderheitenkult« um sich, der, unter Ausnützung eines weit verbreiteten Selbsthasses, Europäern (und in geringerem Ausmaß) US-Amerikanern suggeriere, sie müssten sich für ihre Geschichte und Herkunft schuldig fühlen und Buße für »diskriminierendes Verhalten« der Vergangenheit und Gegenwart leisten:

»Das gegenwärtige liberale Christentum verbindet nämlich die modischen Rituale westlicher Selbstablehnung, in denen die tradierten protestantischen Auffassungen über Individualität und Gleichheit mitschwingen, mit dem gefallenen Stand des Sünders bzw. Ausdrucksformen wie Selbsterniedrigung und Selbsterhöhung, wie sie sonst Heiligen zu eigen sind.«[14]

Politiker und Journalisten, die sich analog zu »heiligen Männern« in Selbstbuße üben, wie in einem Katechismus Diskriminierungen und Rassismus in Deutschland anklagen, dürfen sich täglich in den Medien als moralische Tugendwächter feiern lassen. Die protestantischen Vorstellungen von Sünde und Erlösung haben eine bizarre Schuldethik hervorgebracht. Anders als der Katholizismus kennt der Protestantismus kein Bußsakrament, das für persönliche Schuld formale Abbitten ermöglicht. Vielleicht ist es kein Zufall, dass in den katholisch geprägten Ländern Europas wie Polen, Italien, Österreich oder Frankreich der Widerstand gegen den radikalen Islam, den Genderdiskurs oder allgemein gegen die politische Korrektheit stärker ausgeprägt ist als in den protestantischen.

Für die jüngere Generation ist der Verweis auf das protestantische Erbe oder zeitlich näher: des Nationalsozialismus, bei aller Bedeutung für die aktuelle Situation aber unzureichend. Das wichtigste Narrativ, das sich quer durch die westlichen Gesellschaften zieht, ist ein

---

12 Pascal Bruckner: *Der Schuldkomplex. Vom Nutzen und Nachteil der Geschichte für Europa*, München 2008, S. 140.

13 Michael Ley: *Die kommende Revolte*, Paderborn 2012, S. 129.

14 Paul Gottfried: *Multikulturalismus und die Politik der Schuld. Unterwegs zum manipulativen Staat?*, Graz 2004, S. 101.

moralisches: die psychisch tief verankerte Vorstellung von Arm und Reich, die Auffassung, auf Kosten anderer zu leben, auf die einfache und eingängige Formel gebracht: »Da wir so reich sind, sind sie so arm«.

Der »Antikolonialismus«, der auf die Verbrechen der weißen Europäer zielt, deren Expansion sozusagen das Grundübel in die Welt brachte, bediente sich dieser Formel spätestens ab den 60er Jahren des 20. Jahrhunderts auf exzessive Weise. »Unser Reichtum basiert auf deren Armut« ist zur Quintessenz des schlechten Gewissens der europäischen Wohlstandsländer geworden. Es ist also nur gerecht und unsere moralische Pflicht, die ganze Welt mit offenen Armen aufzunehmen. In gewisser Weise holen sich die aktuell einwandernden Migranten also nur das zurück, was wir ihnen über Jahrhunderte genommen haben und immer noch nehmen. Wer könnte ihnen das verwehren?

Diese Grundhaltung hat sich dermaßen stark verfestigt, dass kritische Stimmen oder auch nur Zweifel daran als Beweis für die Menschenfeindlichkeit dessen genommen werden, der es wagt, Einwände dagegen vorzubringen – und das sogar dann, wenn er reale Schieflagen zugesteht. Dass ein Kontinent wie Afrika nur ca. 1 Prozent des Welthandels trägt, was schwer mit seiner immensen Bedeutung für unseren Reichtum in Verbindung zu bringen ist, wird gerne übersehen. Im Mittelpunkt dieses Denkens steht eine naive Vorstellung von Ökonomie, die das Welteinkommen als eine von der Produktivität unabhängige Größe suggeriert, das nur gerecht zu verteilen wäre, denn was ich besitze, muss ja einem anderen weggenommen worden sein.

Die ungleiche Produktion des Reichtums beruht aber, wie Siegfried Kohlhammer in seinem viel zu wenig beachteten Buch *Auf Kosten der Dritten Welt?* mit zahlreichen empirischen Daten nachweist, im Wesentlichen »auf der hohen Produktivität der Arbeit in den Industrieländern, deren hohen Stand von Ausbildung, Wissenschaft und Technologie, funktionierender Administration, dem sozialen und demokratischen Rechtsstaat und anderem mehr, nicht aber auf der Ausbeutung der Dritten Welt.«[15]

Der europäische und ostasiatische Wohlstand beruht auf technologischer, wirtschaftlicher und politischer Kompetenz, aber auch auf mentalen und gesellschaftlichen Strukturen, die nicht ohne weiteres übertragbar sind, was man etwa auch am schulischen und wirtschaftlichen Misserfolg bestimmter Einwanderergruppen ablesen kann. Es zeugt von einer grenzenlosen Naivität zu glauben, man müsse nur genug »Geld in die Hand nehmen«, um Analphabeten und gering Qualifizierte aus Ländern, in denen weder eine Leistungs- noch eine Arbeitskultur herrscht, für den deutschen Arbeitsmarkt »fit« zu machen. In dieser Illusion bewegt sich aber die deutsche Politik, die gerade dabei ist, mit dem ungeliebten Nationalstaat auch den Sozialstaat abzuschaffen. Der 2016 verstorbene Zivilisationshistoriker Rolf Peter Sieferle fasst die aktuelle Situation in seinem langen Essay zum *Migrationsproblem* knapp zusammen:

»Man kann die Märkte nach außen wie nach innen liberalisieren, doch kann man nicht im Innern die Sozialstaatsstandards aufbauen und zugleich die Grenzen öffnen. Man handelt dann wie ein Bewohner eines gutgeheizten Hauses, der im Winter Fenster und Türen weit öffnet. Wenn das zur Abkühlung führt, dreht er eben die Heizung weiter auf. (…) Es wird irgendwann deutlich werden, dass eine Welt von *no borders, no nations* auch eine Welt von *no welfare* sein muss.«[16]

Der Hass auf das Eigene, die Unfähigkeit, die eigenen Interessen zu vertreten, das moralische Narrativ des Ausbeuters, der als Antirassismus getarnte Paternalismus, der im anderen nur ein Objekt der Fürsorge sieht, das alles kann in absehbarer Zukunft bis zur Selbstzerstörung führen. Der Politikwissenschaftler Herfried Münkler bringt die Situation, die für die nächsten Jahre bestimmend sein wird, im Jahr 2014, also noch vor der so genannten Flüchtlingskrise, in einen größeren militärischen und ordnungspolitischen Kontext:

»Die größte sicherheitspolitische Herausforderung des 21. Jahrhunderts wird nicht in der Gefährdung von Grenzen durch feindliche Militärverbände, sondern im Überschreiten dieser Grenzen durch gewaltige Flüchtlingsströme bestehen, die, wenn sie massiv auftreten,

---

15 Siegfried Kohlhammer: *Auf Kosten der Dritten Welt?*, Göttingen 1993, S. 113; vgl. dazu auch Sieferle: *Das Migrationsproblem*, S. 129 f.
16 Sieferle: *Das Migrationsproblem*, S. 29 und S. 26 f., (Hervorh. im Orig.).

nicht der wirtschaftlichen Prosperität Europas zugutekommen, sondern die sozialen Sicherungssysteme der europäischen Staaten überfordern und damit die soziale Ordnung in Frage stellen. Gleichzeitig ist Europa infolge seiner Wertbindungen nicht in der Lage, diese Flüchtlingsströme an seinen Grenzen zu stoppen und zurückzuweisen, wie man dies bei einem militärischen Angriff versuchen würde.«[17]

Für Clausewitz beginnt der Krieg erst mit der Verteidigung, davor handelt es sich in seinen Worten um ein »reines Erdulden«. Insofern ist die Weigerung, die eigenen Grenzen zu schützen, die Leugnung, politische und nationale Interessen zu haben, die als legitim gelten, oder das Eingeständnis, notwendige Handlungen weder durchführen noch legitimieren zu können, ein fatales Zeichen für die eigene Selbstbehauptung. Die Fähigkeit zur Verteidigung ist nicht vorhanden. Erschwerend kommt hinzu, dass Gruppen der Bevölkerung dem zu Verteidigenden in Feindschaft gegenüber stehen (»Deutschland verrecke!«, »No Border« etc.). Die schrankenlose Öffnung der deutschen Grenzen 2015 ist ein Beispiel für die Unfähigkeit, die eigenen Interessen wahrzunehmen und sie durchzusetzen. Es fehlte sowohl der Mut als auch der Wille, wie Robin Alexander in seinem Buch *Die Getriebenen* zeigt, »hässliche Bilder« an den deutschen Grenzen auszuhalten.

Europäische Interessen, so lautet es seitdem aus der Politik, seien (quasi automatisch) deutsche Interessen. In dieser nationalen Selbstaufgabe kulminiert eine Entwicklung, die nicht mehr bereit ist, das Eigene zu verteidigen, die weder eine Grenze noch Differenzen zwischen Bürgern und Einwanderern anerkennen will. Es gibt nur noch die Unterscheidung zwischen denjenigen, die »schon länger oder noch nicht so lange hier leben«. Ein moralischer Universalismus, der durch die »Merkelisierung der Politik« (Sieferle) von den Rändern der Gesellschaft, von No-Border-Aktivisten, Pro Asyl, Kirchenführern und Grünenpolitikerinnen in die Mitte der Politik gerückt ist.

Dass der Nationalstaat überwunden werden muss, ist für die politisch-mediale Elite quasi unwiderlegbarer Konsens. Im Gegensatz zu den partikularen Kräften ist der moralische Universalismus zur einzig gültigen Doktrin in Deutschland geworden, das dadurch fast vollständig entpolitisiert ist. Das gegenwärtige Prinzip könnte man polemisch mit der Selbstabschaffung des Eigenen überschreiben. Der Partikularismus vertritt noch konkrete (nationale) Interessen, der Universalismus dagegen reine Prinzipien (Menschenrechte etc.). Ersterer kann heute nur noch defensiv angelegt sein, da seine Basis, der Nationalstaat, zunehmend erodiert. Der Universalismus wird in seiner Folge nicht nur zum entscheidenden Faktor bei der Auflösung des Sozialstaates als Nationalstaat, er wird, auch wenn das gegenwärtig vielleicht erst in Ansätzen sichtbar ist, in naher Zukunft mit der Wirklichkeit und den partikularen Identitäten (vor allem auch der Zuwanderer) kollidieren. In diesem Maße wird der humanitäre Universalismus aggressiver und unduldsamer gegen seine Kritiker werden. In letzter Konsequenz endet er in totaler Freizügigkeit und Abschaffung aller Grenzen als legitimes Menschenrecht, das niemandem verwehrt werden darf. Ein moralischer Imperialismus, der die Selbstzerstörung in sich trägt.

Die Oikophobie, die im Gegensatz zur Xenophobie den Hass auf das Eigene meint, treibt die Spaltung einer Gesellschaft voran, die zwischen einer global agierenden und kosmopolitisch orientierten Elite und den in ihren traditionellen Räumen lebenden partikularen Menschen verläuft. Zeitgleich sieht sich diese in sich zerrissene und postheroische Gesellschaft durch eine aggressive Religion und eine Masseneinwanderung heroischer, tribaler Kulturen einer Herausforderung gegenüber, die ihre innere Schwäche unbarmherzig aufdeckt.

Der amerikanische Philosoph und Zivilisationshistoriker Will Durant schreibt abschließend in Bezug auf das römische Reich in seiner elfbändigen Geschichte der Zivilisation: »A great civilization is not conquered from without until it has destroyed itself within.«[18]

---

17 Herfried Münkler: »Die gefährliche Kluft zwischen Schein und Tun «, abrufbar unter http://www. aussenpolitik-weiter-denken.de/de/themen.html. Für die oben zitierte Aussage wurde Münkler von der linken studentischen Fachschaft im Sommer 2014 als Kriegstreiber und Rassist denunziert. So viel zur Auseinandersetzung mit politischen Fragen an deutschen Universitäten (man muss auch deutsche Medien und Politik hier in einer Reihe nennen).

18 Will Durant: *The Story of Civilization 3, Caesar And Christ, Epilogue. Why Rome fell?*, New York 1944. Mel Gibson lässt seinen Film *Apocalypto* mit diesem Zitat beginnen.

MORALISCHE ASYMMETRIEN

Wie in Kapitel 1.3. dargestellt, setzt jede Auseinandersetzung eine bestimmte Mentalität voraus, die vorhanden sein muss, um überhaupt siegen zu können. Auch Clausewitz kommt in seinem Buch *Vom Kriege* immer wieder auf die »moralischen Kräfte« zu sprechen, die er letztendlich als die stärksten Waffen sieht:

»Und so sind auch die meisten Gegenstände, welche wir in diesem Buche durchlaufen, halb aus physischen, halb aus moralischen Ursachen und Wirkungen zusammengesetzt, und man möchte sagen: die physischen erscheinen fast nur wie das hölzerne Heft, während die moralischen das edle Metall, die eigentliche, blank geschliffene Waffe sind.«[19]

Entscheidend für die heutige Dynamik ist eine »moralische Schwäche des Westens«. Letztere wird in der Konfrontation mit einem Gegner sichtbar, dessen Wille und Opferbereitschaft uns in eine praktisch aussichtslose Lage versetzt. Für diese mentale Disposition spielt das demografische Argument eine entscheidende Rolle. Einzige Söhne, in westlichen Wohlstandsgesellschaften sozialisiert und aufgewachsen, können, wie Gunnar Heinsohn in *Söhne und Weltmacht* ausführt, nicht in verlustreichen Kriegen geopfert werden. Die islamische Welt kann dagegen aus demografischen Gründen stets aufs Neue mit unzähligen Rekruten eines gigantischen Youth Bulges rechnen. Diese Situation entspricht in etwa der Europas vor 1945. Die beiden Weltkriege, insbesondere der Erste, wurden durch immense Geburtenraten mit immer neuen Soldatenmassen angefeuert. Ohne den riesigen Überschuss an jungen Männern, die durchschnittliche Kinderzahl pro Frau im Deutschland des 19. Jahrhunderts betrug ungefähr 5 Lebendgeborene, wären die Weltkriege mit ihren Massenangriffen und Massentötungen nicht denkbar. Die westliche Militärdoktrin hat nach 1945 nicht umsonst die Minimierung der eigenen Verluste, neben mentalen Veränderungen, vor allem unter Berücksichtigung der demografischen Entwicklungen in den Mittelpunkt gestellt.

Die »postheroische Gesellschaft« kann, neben ihrer demografischen Abrüstung, weiter dadurch definiert werden, dass praktisch niemand mehr dazu bereit ist, sich für eine Sache mit seinem Leben einzusetzen. Dass die Bundeswehr Verlustzahlen wie im Ersten Weltkrieg keinen einzigen Tag überstehen würde, zeigt die tiefe Verinnerlichung post-heroischer Mentalitäten bis weit in die militärische Welt hinein, in der das eigene Opfer (Sacrifice) einst die höchste Tugend und Auszeichnung war. Die westliche Kultur, die praktisch kein Opfer für die Allgemeinheit mehr kennt, ist aber noch mehr eine, in der Krieg führen – jedenfalls in der Form, wie sie bis vor kurzem noch üblich war – unmöglich geworden ist. 1945 hätten wohl Flächenbombardements ein Land wie Syrien oder den Irak einfach dem Erdboden gleich gemacht, ohne Rücksicht auf zivile Opfer. Selbstverständlich könnte das US-Militär Länder wie Afghanistan, Syrien oder den Irak vollständig zerstören. Politisch und moralisch ist das heute unmöglich und niemand wird bezweifeln, dass das ein großer Fortschritt in Richtung Humanität ist. Man sollte bei aller Zustimmung für eine solche Entwicklung die daraus folgenden Implikationen aber nicht vergessen. Denn diese freiwillige Selbstbeschränkung wird nicht nur von der islamischen Welt als solche wahrgenommen und in Konfliktsituationen ausgenutzt. Man weiß um die Schwäche des Gegners und die Grenzen seiner Handlungsfähigkeit. Die Stimmung in der eigenen Bevölkerung und die mediale Berichterstattung machen exzessive militärische Handlungen für demokratische Staaten unmöglich. Diese, nennen wir sie »moralische Asymmetrie«, gilt aber nicht nur für kriegerische Auseinandersetzungen, sondern für jede Form der Grenzsetzung, die praktisch unmöglich wird. Besonders deutlich wird das in der so genannten Flüchtlingskrise, in der die mentalen Entwicklungen der letzten Jahrzehnte kulminieren.

Wer vor der Küste Libyens in ein Schlauchboot steigt und sich dem Risiko des Ertrinkens ausliefert, weiß, dass die westlichen Einsatzkräfte erpressbar sind. Er nutzt die humanitären Werte seines Gegenübers als Schwachpunkt aus, um ihn zur Rettung zu zwingen. Es gibt prinzipiell keine Möglichkeit, dieser Erpressung zu entkommen, will man nicht selbst inhuman oder der Unmenschlichkeit angeklagt werden. Ein

---

19 Clausewitz: *Vom Kriege*, S. 158.

Hungerstreik als Erpressung in einem absolut inhumanen System, etwa einem sowjetischen Gulag oder einem nationalsozialistischen Vernichtungslager, macht dagegen keinen Sinn und hätte, wie Sieferle in *Epochenwechsel* schreibt, »bei den Wachmannschaften nur Gelächter ausgelöst.«[20] Wir dagegen finden praktisch keine Begründung mehr dafür, warum jemand irgendetwas nicht bekommen soll, was er einfordert. Gerichte und Gesetze, nicht nur in Deutschland, gestehen im Namen der Menschenrechte praktisch allen Einwohnern des Planeten bestimmte Grundrechte zu, die wir zu garantieren haben, da es unmenschlich wäre, sie jemandem zu verweigern. Wenn das dennoch einmal geschieht, ist die moralische Entrüstung jedes Mal groß, denn wie kann einem anderen verwehrt werden, was wir selbst in Anspruch nehmen? Ist es doch nur die zufällige, privilegierte Geburt, so das häufig gehörte Argument, die uns von den »Unglücklichen« unterscheidet. Insofern war die grenzenlose Einwanderung in hauptsächlich die Sozialsysteme nur ein konsequenter Schritt.

Man kann in dieser Form der moralischen Erpressung die Strategie des asymmetrischen Krieges wiederfinden, in der die eigene Opferbereitschaft das siegreiche Element bildet. Der vermeintlich Schwache nutzt seine Unterlegenheit, um die Moral des Stärkeren zu untergraben, er kann das aber nur, da diese Moral sich bestimmten Werten verpflichtet fühlt. Was kann eine pazifistische und humanistische Welt dieser Asymmetrie entgegensetzen? Wahrscheinlich wenig. Wenn der Bundesentwicklungsminister Müller (CSU) im Januar 2018 allen Ernstes fordert, »Keiner darf als Verlierer zurückkehren«, wird die Absurdität der Lage auf den Punkt gebracht. Wir können niemanden daran hindern, unsere Grenzen zu übertreten, bezahlen aber danach dafür, dass die Einwandernden wieder zurückgehen.

Unter den Bedingungen der moralischen Asymmetrie verschwindet das Politische mehr und mehr und wird durch eine geradezu überbordende Moral ersetzt. Politik, die ernsthaft Politik sein will, kommt ohne den Einsatz von Machtmitteln und der darin implizit beinhalteten Selbstbehauptung nicht aus. Eine Aussage, die die Vertreter des »hellen Deutschland« strikt ablehnen werden, da es in ihren Augen keine Grenzen und legitimen Staatsinteressen gibt, die durchgesetzt werden müssen. Ein Grenzschutz in demokratischen Ländern hat aber ohne faktische Machtmittel keinen Sinn. Wer das leugnet, muss konsequenterweise alle Kontrollen einstellen und jeden ins Land lassen (»No Border«). Insofern ist die Frage danach, ob die illegalen Einwanderungsströme aufgehalten werden können, nicht ein Problem der Mittel, sondern des Willens.

Was aber, wenn nun die unbestreitbaren Vorteile und erprobten Handlungsabläufe unserer Gesellschaft auf essentielle Entscheidungen in Krisensituationen treffen? Die Entwicklung hin zu den postheroischen Gesellschaften des Westens geht nicht mit globalen Prozessen in weiten Teilen der Welt synchron, in denen ein exorbitanter Bevölkerungsüberschuss und das Erstarken des islamischen Fundamentalismus eine destruktive Dynamik entfalten, die uns schon länger erreicht hat. Heroische Gemeinschaften lassen sich auf Dauer nicht mit Geld befrieden.

Kehren wir zur Frage des Kriegszustandes, den sogar von Bundeskanzlerin Merkel viel beschworenen »Kampf gegen den Terror« und der Aussage, ihn zu »besiegen«, zurück. Was sind die Voraussetzungen, um diesen Kampf nicht nur zu denken, sondern auch führen zu können? Hier stößt die postheroische Gesellschaft an ihre Grenzen. Alle Gemeinschaften gründen sich auf dem Opfer, d. h. auf der Bereitschaft ihrer Mitglieder, füreinander einzustehen, in letzter Konsequenz heißt das auch mit dem eigenen Leben. Deswegen haben alle Gemeinschaften besondere Rituale für diejenigen, die bereit waren, sich für andere zu opfern. Der Tod steht außerhalb der normalen Tauschbeziehungen, es gibt hier keine Möglichkeit für ein Äquivalent, außer durch symbolische Formen: Ehrungen, Rituale, die Erinnerung an die Namen. Es sind, neben Rettungskräften, Feuerwehr, Katastrophenschutz, insbesondere zwei Berufsgruppen, Militär und Polizei, die prinzipiell den Tod in Kauf nehmen, d. h. eine Opferbereitschaft haben müssen, für die die Gemeinschaft rituelle Formen der Ehrung bereithalten muss. Das kann man verleugnen oder lächerlich finden, aber diese Fähigkeit ist entscheidend, nicht nur für

20 Sieferle: *Epochenwechsel*, S. 131.

das Gewaltmonopol des Staates, sondern für unser Zusammenleben. Sieht man sich die aktuellen Ereignisse rund um die Bundeswehr an, die massive Kritik an Polizeieinsätzen, wie etwa nach den linksextremen Gewaltorgien des G20-Gipfels in Hamburg, die regelmäßigen physischen Angriffe auf Rettungskräfte und Feuerwehr, die fehlende Unterstützung von politischer Seite für diejenigen, die das staatliche Gewaltmonopol täglich sichern: dann kann man sich zurecht fragen, warum sollte jemand bereit sein, eine Gesellschaft zu schützen, in der Soldaten als »Mörder« und Polizisten als »Bullenschweine« denunziert werden?

Dass Bundeswehr und Polizei immer weniger Personal finden, so dass die Aufnahmekriterien immer weiter nach unten gesenkt werden, hat, neben demografischen und kulturellen Veränderungen, auch hier seinen Grund. Wer will sich denn heute für ein relativ bescheidenes Gehalt in Schicht- und Nachtarbeit vor allem in deutschen Großstädten in Auseinandersetzungen mit hauptsächlich jungen Männern aus tribalistischen Gemeinschaften einlassen? Mit Leuten, die in der Regel nichts zu verlieren haben, für die Gewalt ein probates Mittel ist, die für »Gefährdungsansprachen« unzugänglich sind und wo der Täter auch nicht »resozialisiert« werden muss, »denn seine ›Integration‹ in die eigene Gesellschaft hat er nie verloren.«[21]

Weiter kommt erschwerend hinzu, dass der Dienst an der Allgemeinheit täglich in der Kritik steht. Wenn Drogendealer wie in Berlin Kreuzberg eine eigene Ausstellung erhalten oder linke Sittenwächter in Köln, statt Frauen vor den Zugriffen allzu spontaner Schutzsuchender zu schützen, lieber Polizisten des »Racial-Profiling« anklagen, sind längst alle Absurditäten zur bitteren Realität geworden. In den »rassistischen Vorwürfen« an die Polizei herrscht ebenso eine moralische Asymmetrie, die den Vertreter des Rechtsstaates stets in die Defensive zwingt. Wenn die Bewohner einzelner Stadtviertel aber nicht mehr das Gefühl haben, von den staatlichen Repräsentanten geschützt zu werden, ist der Weg zu bürgerkriegsähnlichen Zuständen nicht weit. Vielleicht werden dann die letzten begreifen, dass der Wegfall des staatlichen Gewaltmonopols die Welt nicht bunter macht. Frankreich ist, ähnlich das einstige Vorzeigeland Schweden, auf dem Weg in bürgerkriegsähnliche

Zustände schon einen Schritt weiter und lässt Gruppen von schwer bewaffneten Soldaten den öffentlichen Raum sichern.

Die massive Kritik an Militär und Polizei gehört sozusagen zum Grundstandard des kritischen Intellektuellen. Sie reflektiert aber auch die Leugnung einer Situation, in der bestimmte Denkmuster eine präzise Analyse der Gegenwart verhindern. Der Althistoriker Egon Flaig kommt angesichts der vorherrschenden Mentalität zur allgemeinen These einer »Kriegsunfähigkeit« der westlichen Länder:

»Einen Krieg führen verlangt Zustimmung, um Opfer zu bringen im Kampf gegen einen definierten Feind. Was aber, wenn die hegemonialen Diskurse abstreiten, dass es noch Feinde gibt, und den Begriff der ›Feindschaft‹ moralisch ächten? (…) Wenn wir fragen, wieso die medialen Akteure und die politische Klasse seit 2001 sich weigern, die Terrorakte eines explizit angekündigten Djihad als Angriffe auf den republikanischen Staat zu begreifen, entdecken wir die Ursache in der bestürzenden diskursiven Unfähigkeit, den Krieg zu denken.«[22]

In einer Zeit, in der die Politik sich als gestaltendes Moment verflüchtigt, sich das Gemeinwesen von innen her auflöst und von außen der Krieg nach Europa und Deutschland getragen wird, hat der Westen keine Idee des Sieges mehr. Dazu gehört u. a., wie oben ausgeführt, die Unfähigkeit, einerseits einen Feind zu definieren, andererseits sich selbst als Feind eines Anderen sehen zu können und daraus die Konsequenzen zu ziehen. Im Prinzip gibt es heute nur zwei denkbare Lösungen, die aber beide letztendlich zur Aufgabe unseres Selbstverständnisses führen:

Eine totale Abschottung, d. h. der Rückzug aus allen Gebieten, in denen eine Konfrontation mit dem Feind unvermeidbar ist. Diese Strategie hat aber nur dann eine Erfolgschance, wenn die Gegenseite defensiv agiert, was im Falle des Islam und seiner ideologisch-religiösen Struktur zum jetzigen Zeitpunkt undenkbar scheint. Darüber hinaus ist, insbesondere mit der Masseneinwanderung der

21 Sieferle: *Das Migrationsproblem*, S. 115.
22 Egon Flaig: *Die Niederlage der politischen Vernunft. Wie wir die Errungenschaften der Aufklärung verspielen*, Springe 2017, S. 290 und 301.

letzten Jahre, bereits eine unbekannte Zahl potenzieller Terroristen und Gewalttäter im Land, was einen Rückzug (wohin?) unmöglich macht, es sei denn, man setzt konsequent auf »Gated Communities« und überlässt weite Zonen des Landes einer Art »molekularem Bürgerkrieg« (Enzensberger), der vor allem die nicht-privilegierten Schichten trifft, was ja bereits heute der Fall ist.

Die andere, noch unwahrscheinlichere Lösung besteht in einer Reaktivierung aller Kräfte für eine Art »ubiquitären Krieg«, der die Unterscheidung von Zivil und Militär auflöst und alle humanitären und moralischen Gründe für eine Einschränkung der angewandten Mittel zurückweist. Das scheint undenkbar, denn das würde in letzter Konsequenz bedeuten, alles zu verlieren, was unsere zivilen Errungenschaften so lebenswert machen. Dennoch sehen wir bereits jetzt, insbesondere in Ländern wie Frankreich, gewisse Einschränkungen bürgerlicher Freiheiten, Notstandsgesetze und staatliche Maßnahmen, die versuchen, dem Terror und der alltäglichen Gewalt mit härteren Mitteln als noch vor kurzem zu begegnen. Schweden hat angesichts der katastrophalen Folgen seiner naiven Multikulti-Politik bereits die Wehrpflicht wieder eingeführt und diskutiert den Einsatz des Militärs gegen die anarchischen Zustände in Städten wie Malmö, wo arabische und afrikanische Banden ganze Stadtteile terrorisieren. Für Deutschland ist ähnliches in Zukunft zu befürchten, auch wenn frühzeitige Mahner als »Hassprediger« und rechte Provokateure gelten.

Mit den beiden oben beschriebenen Möglichkeiten müssen wir uns auseinandersetzen, selbst wenn es vielleicht keine Lösung aus der Falle der Asymmetrie gibt. Im Jahr 2002 hatte der damalige Verteidigungsminister Peter Struck (SPD) verkündet: »Die Sicherheit der Bundesrepublik Deutschland wird auch am Hindukusch verteidigt.« 15 Jahre später müssen wir uns innerhalb der eigenen Grenzen gegen den »Hindukusch« verteidigen, eine Entwicklung, die damals wohl niemand für möglich gehalten hätte.

EXKURS 2:
GESCHICHTSZEICHEN IDOMENI

Das griechische Dorf Idomeni liegt rund fünfhundertfünfzig Kilometer nördlich von Athen, in der Region Zentralmakedonien an der Grenze zu Mazedonien. Zwischen März und Mai 2016 bündeln sich rund um den Dreihundertseelenort wie unter einem Brennglas nicht nur die Probleme der so genannten Flüchtlingskrise. Darüber hinaus steht Idomeni als Symbol dafür, wie im Zeitalter der Globalisierung regional getrennte Krisen einander forcieren und sich in Windeseile zu einem einzigen großen Konfliktherd entwickeln.

Da ist auf der einen Seite der Zerfallsprozess der nah- und mittelöstlichen Gesellschaften, die das vor rund hundert Jahren von den Siegern des Ersten Weltkrieges oktroyierte säkulare Nationalstaatsprinzip endgültig abwerfen und sich stattdessen unter vormodernen tribalistischen oder religiösen Vorzeichen neu zu organisieren beginnen. In dem dadurch entstehenden politischen und ideologischen Vakuum breitet sich seit einigen Jahren ein militantes islamisches Erwachen aus, das in der westlichen Zivilisationsvariante den »absoluten Feind« erkennt und als Gegenentwurf dazu ein, wenn möglich globales, Gottesreich nach Mohammeds Vorbild anstrebt. Und die Region damit seit Jahren in ein blutiges Chaos stürzt.

Die unter anderem daraus resultierende Flüchtlingswelle trifft auf einen demokratischen Westen, der sich ebenfalls in einem Erosionsprozess befindet. Jedoch sind die Vorzeichen hier genau entgegengesetzt. Das betrifft insbesondere die Berliner Republik, wo die politischen und medialen Eliten in der Überwindung nationaler Identitäten und kultureller Homogenität das Rezept für eine goldene Zukunft sehen. An die Stelle der alten Sinngebungssysteme soll eine grenzenlos heterogene Völker- und Kulturenvielfalt treten, die letztendlich in der Auflösung jedweder nationaler, kultureller oder religiöser Identität mündet, so dass es nur noch »Menschen« gibt.

Am Grenzzaun von Idomeni treffen diese beiden Erosionsprozesse aufeinander. Hier kommt es zur Konfrontation der in Ost und West gleichermaßen in Dynamik geratenen Gesellschaften. Das Bild, das Europa dabei abgibt, ist allerdings wenig vertrauenserweckend. Von einem gemeinsamen gesamteuropäischen Vorgehen zur Bewältigung des Flüchtlingsansturms ist keine Spur zu sehen. Während Österreich und die Teilnehmerstaaten der Westbalkankonferenz Ende Februar 2016 auf das Prinzip »Hilfe durch (europäische) Selbsthilfe« bauen und Anfang März die Balkanroute bei Idomeni schließen, strebt man in Berlin und Brüssel eine außereuropäische Lösung, einen »Deal« mit der Türkei, an, der am 18. März zustande kommt. Seitdem liegt die Sicherheit Deutschlands und Europas in den Händen des sich zunehmend als unberechenbar gebärdenden orientalischen Autokraten Erdogan und seiner AKP.

Währenddessen eskaliert in den Tagen und Wochen nach Schließung der Balkanroute die Situation im Auffanglager Idomeni. Bald sind es weit mehr als zehntausend Gestrandete, die unter katastrophalen humanitären, hygienischen und sanitären Bedingungen auf die Wiedereröffnung der Grenze hoffen. Die Lage ist von Beginn an angespannt. Zwar unterbreitet die griechische Regierung den Flüchtlingen immer neue Angebote, sie in ausgebaute und besser ausgestattete Unterkünfte im Landesinneren zu bringen. Doch diese werden von der übergroßen Mehrheit abgelehnt. Der Grund ist einfach: »Mein Ziel ist nicht, die Lager zu erreichen, sondern Deutschland.«[1] Und so kommt es in den folgenden Tagen und Wochen immer wieder zu Zusammenstößen zwischen mazedonischen Sicherheitskräften und Flüchtlingen, die es auf einen gewaltsamen Grenzdurchbruch abgesehen haben. Bei den mitunter überaus heftigen Ausschreitungen kommen Steine, Flaschen, Latten, Knüppel und Metallgegenstände zum Einsatz, sogar ein ausrangierter Eisenbahnwaggon wird zu einer Art Rammbock umfunktioniert. Die angegriffenen mazedonischen Sicherheitskräfte antworten mit Gummiknüppeln und Reizgas. Einen Höhepunkt erreichen die Auseinandersetzungen am 10. April, als nach Angaben der »Ärzte ohne Grenzen« dreihundert Flüchtlinge beim Sturm auf die Grenze verletzt werden.

Bereits zuvor hat die mazedonische Regierung, um der Situation Herr zu werden, neben der polizeilichen auch die militärische Präsenz vor Ort verstärkt. Nach dem 10. April sieht sich die griechische Regierung veranlasst zu reagieren, obwohl sie an jenem Tag den siebenstündigen Ausschreitungen auf ihrem Gebiet noch tatenlos zugeschaut hat. Vier Tage später halten griechische Armee und Luftwaffe in der Nähe des Auffanglagers und unter den Augen des in Flecktarn gekleideten Verteidigungsministers Manöver als »Demonstration der Einsatzbereitschaft« ab.[2]

Von einer ähnlichen Entschlossenheit ist in Deutschland nichts zu spüren. Vielmehr schürt die Kanzlerin mit ihrer fortgesetzten Weigerung, zu den vor dem September 2015 gültigen Rechtsnormen zurückzukehren und ihrer vehementen Kritik am Vorgehen der Westbalkanstaaten und Österreichs weiter die Hoffnungen der Flüchtlinge. So lehnt sie noch am 23. April, also rund sieben Wochen nach der Grenzschließung, anlässlich des EU-Türkei-Gipfels, die Abriegelung der Balkanroute ab und verhindert damit, dass diese für geschlossen erklärt wird.

Sie weiß sich dabei im Einklang mit den allermeisten Medien in Deutschland. Diese treten schon seit Beginn der Krise beinahe geschlossen als unbedingte Verteidigerinnen der Regierungschefin als auch der Flüchtlingsinteressen auf. Wie weit die schrankenlose Parteilichkeit geht, verdeutlicht eine im Auftrag der gewerkschaftsnahen Otto-Brenner-Stiftung erstellte Studie: *Die Flüchtlingskrise in den Medien. Tagesaktueller Journalismus zwischen Meinung und Information* aus dem Sommer 2017. Darin untersuchen der Leipziger Journalismus- und Kommunikationsforscher Michael Haller und sein Forschungsteam anhand von 30.000 Publikationen, die zwischen Februar 2015 und März 2016 veröffentlicht wurden, die Berichterstattung der regionalen wie überregionalen Tagespresse zur Flüchtlingskrise. Das Ergebnis ist eindeutig und wenig schmeichelhaft für die bundesdeutschen Zeitungsmacher. In den Redaktionsstuben der Berliner Republik ist die

1   Zit. n. o. V.: »Bagger räumen Lager von Idomeni«, 24.5.2016, abrufbar unter http://www.zeit.de/politik/ausland/2016-05/fluechtlinge-idomeni-raeumung.

2   o. V.: »Griechische Armee startet Manöver an mazedonischer Grenze«, 14.4.2016, abrufbar unter http://www.spiegel.de/politik/ausland/idomeni-griechenland-startet-militaeruebung-an-mazedonischer-grenze-a-1087263.html.

regierungsamtliche Losung von der »Willkommenskultur« das Maß aller Dinge. Kritiker und Bedenkenträger kommen, wenn sie nicht als »Dunkeldeutschland« diskursiv ausgegrenzt werden, nur ganz selten zu Wort[3]. Begierig wird stattdessen das Narrativ von der Bereicherung durch die »Schutzsuchenden« und der in Deutschland zu verwirklichenden »Einen Welt« aufgenommen und verbreitet.

Das ändert sich zwar ein wenig nach den Ereignissen zum Jahreswechsel 2015/16 auf der Kölner Domplatte. Doch bei der medialen Bewertung der Ereignisse rund um Idomeni ist eine kritische oder zumindest abwägende Haltung kaum zu finden. Für die deutschen Medien ist die Schließung der Balkanroute eine moralisch nicht hinnehmbare Beschränkung für Flüchtlinge, jetzt »Schutzsuchende« genannt. Das wird deutlich an den täglich Dutzenden von Rührstücken, Artikeln, Meldungen, Reportagen und Kommentaren, die alle dasselbe Ziel haben: die in Idomeni angeblich zutage tretende Unmenschlichkeit einer sich rassistisch abschottenden Festung Europa anzuprangern.

Damit leisten die bundesdeutschen Medienmacher jenen linksgerichteten Aktivisten Schützenhilfe, die aus ganz Europa nach Nordgriechenland gereist sind, um dort die Eskalation der Lage zu betreiben. Zu diesem Zweck verbreiten sie Gerüchte und diskreditieren die Bemühungen der griechischen Regierung, die Situation zu entspannen, etwa indem sie die Flüchtlinge davor warnen, die bereitgestellten Busse zu besteigen. Dies sei nur ein Trick, tatsächlich plane die griechische Regierung, die Migranten zurück in die Türkei zu befördern. Ziel der Aktivisten ist es, eine humanitäre Notlage herbeizuführen, deren Bilder sich zur moralischen Erpressung der politisch Handelnden sowie der westlichen Gesellschaften eignen. Das hat schließlich schon einmal bestens funktioniert, nämlich am 4. September 2015, als verschiedene Aktivistengruppen jenen »Flüchtlingsmarsch der Hoffnung« von Budapest nach Wien initiierten, der letztlich zu einem der entscheidenden Auslöser der merkelschen Offene-Grenzen-Politik wird.

Also inszenieren die Aktivisten am 14. März 2016 unter demselben Hashtag wie ein halbes Jahr zuvor, »#marchofhope«, einen Marsch in Idomeni. Verantwortlich dafür zeichnen (vermutlich) deutsche

Aktivisten und Organisationen in Deutschland und vor Ort in Idomeni, die mehr als zweitausend Flüchtlinge wider besseres Wissen aufwiegeln, den Grenzdurchbruch durch einen eiskalten und reißenden Fluss zu wagen[4]. Per Twitter-Nachrichten und Flugblättern werden an diesem Tag Karten verteilt, die einen Weg zeigen, auf dem die Flüchtlinge den mazedonischen Grenzzaun angeblich umgehen und über Umwege nach Mazedonien einreisen können. Dass die im Lager kursierenden Handzettel von einem *Kommando Norbert Blüm* unterzeichnet worden sind, wirft neuerlich ein Licht auf die bizarren Koalitionen, die eine grenzenlose und unbedingte »Willkommenskultur« in Deutschland hervorbringt. Denn obgleich sich der ehemalige Bundesarbeitsminister umgehend über die missbräuchliche Verwendung seines Namens für den versuchten Grenzdurchbruch empört, hinsichtlich des Prinzips der moralischen Erpressung steht er den von ihm Kritisierten in keiner Weise nach. Wie sonst soll seine öffentlichkeitswirksame Über-nachtung in einem Zelt mitten unter den Flüchtlingen von Idomeni und sein anschließendes Gerede von der »Kulturschande« für Europa zu verstehen sein?

Wie der FAZ-Autor Don Alphonso auf seinem Blog »Stützen der Gesellschaft« richtig bemerkt, ist es, »(…) bei linksgerichteten Aktionen inzwischen generell schwer (…), zwischen Aktivisten und Journalisten zu unterscheiden.«[5]. Daher ist es sicher auch kein Zufall, dass sich unter den beim »Marsch der Hoffnung« festgenom-menen insgesamt siebzig westlichen Aktivisten eine Anzahl von Journalisten befindet. Letztere haben zuvor jene Bilder geliefert, die es zur moralischen Erpressung der potenziellen Aufnahmeländer der Schutzsuchenden braucht. Auf der einen Seite erbarmungswürdige, abgerissene Gestalten, Greise und angsterfüllte Mütter mit schreien-den Kleinkindern auf dem Arm, die, knietief durchs Wasser watend,

3 Michael Haller: *Die Flüchtlingskrise in den Medien. Tagesaktueller Journalismus zwischen Meinung und Information*, Frankfurt a. M. 2017, S. 132 ff.
4 Don Alphonso: »Wie man in Idomeni eine humanitäre Katastrophe inszeniert«, 16.3.2016, abrufbar unter http://blogs.faz.net/deus/2016/03/16/wie-man-in-idomeni-eine-humanitaere-ka-tastrophe-inszeniert-3223/.
5 Ebd.

versuchen, der Strömung standzuhalten. Auf der anderen Seite Stacheldraht und hochgerüstete Sicherheitskräfte, die die Flüchtlinge davon abhalten, nach Europa, vor allem nach Deutschland, zu gelangen. Gesundheit und Leben der Flüchtlinge interessieren die Polit-Aktivisten dabei, wenn überhaupt, nur zweitranging. Bei einer ähnlichen Überquerung wenige Stunden zuvor haben drei Afghanen den Tod gefunden. Aber das scheint nicht weiter wichtig. Hauptsache, die gewünschten Bilder eines herzlosen und brutalen Westens gehen um die Welt.

Die Krise um das Auffanglager in Idomeni zieht sich noch bis Ende Mai hin. Ab dem 24. beginnt die Räumung durch die griechische Regierung. Zu diesem Zeitpunkt befinden sich noch rund neuntausend Menschen im Auffanglager. Viele haben resigniert und – entgegen der Hinweise der Aktivisten – das Angebot der Regierung auf Unterkünfte doch angenommen. Das hat die Lage zuvor bereits ein wenig entspannt, jedoch zeugen die Vorsichtsmaßnahmen der griechischen Regierung von der unveränderten Brisanz der Situation. Siebenhundert Einsatzkräfte sollen etwaige Aufstände seitens der verbliebenen Flüchtlinge begrenzen, und entsprechend erleichtert ist die griechische Regierung, als diese ausbleiben.

Am Grenzzaun von Idomeni zeigt sich in nuce das, was der britische Essayist Theodore Dalrymple als »verdrängten Kern des Multikulturalismus« beschreibt: »Diejenigen, die kulturelle Unterschiede am lautesten feiern, sind selber nicht willens, irgendeinen eigenen kulturellen Wert zu verteidigen.«[6] Das ist, wie bereits ausgeführt, deshalb problematisch, da sich in den »Neuen Kriege« das Instrumentarium der Beteiligten um neue Formen der Auseinandersetzung erweitert hat. Dazu gehört unter anderem der strategische Einsatz der Instrumentalisierung von Menschenströmen. Letztere dienen einerseits dem Einschleusen von Kämpfern ins Feindgebiet, eine Taktik, die von der aktuellen Regierung lange als unmöglich verleugnet wird. Im August 2016 behauptet Bundeskanzlerin Merkel wie später auch Justizminister Maas, es existiere keinerlei Zusammenhang zwischen dem unkontrollierten Flüchtlingsansturm und der steigenden Terrorgefahr in Deutschland. Das ist nicht mehr als Propaganda in eigener Sache. Die bereits zu diesem Zeitpunkt bekannten Flüchtlingskarrieren diverser Attentäter beweisen das Gegenteil hinlänglich.[7]

Im 21. Jahrhundert werden Migrationsströme aber auch als nicht-militärische, moralische Waffe eingesetzt, um auf internationale und nationale Machtverhältnisse in anderen Staaten Einfluss zu nehmen. Nach der US-amerikanischen Politikwissenschaftlerin Kelly Greenhill sind damit zwangsgesteuerte Migration oder migrationsgesteuerte Nötigung gemeint, Wanderungsbewegungen, die vorsätzlich ausgelöst oder manipuliert werden, um politische, militärische, beziehungsweise wirtschaftliche Zugeständnisse von einem Zielstaat oder mehreren Zielstaaten zu erreichen. Der vielleicht bekannteste Vertreter einer solchen Politik ist bislang der inzwischen gestürzte und getötete libysche Staatspräsident Muammar al-Gaddafi. Er wusste um das Erpressungspotential der Drohung, afrikanische Flüchtlinge zu Tausenden über das Mittelmeer nach Europa zu schicken. Damit verschaffte er sich einen politischen Freiraum und großzügiges Entgegenkommen des Westens. Zumindest solange er nicht in Ungnade fiel und mit tatkräftiger Unterstützung aus dem Westen beseitigt wurde. Die Folgen sind heute an den Stränden Libyens sowie Süditaliens zu beobachten. Gaddafis Rolle hat inzwischen der türkische Staatspräsident Erdogan übernommen. Das zeigt nicht zuletzt der jüngste geopolitische Aufstieg der Türkei. Er hängt untrennbar mit der Flüchtlingskrise zusammen, da die Türkei spätestens mit dem Zustandekommen des »Flüchtlingsdeals« ein gewichtiges Wort hinsichtlich der deutschen und europäischen Sicherheitslage mitzureden hat. Damit hat sich die Türkei vom Bittsteller vor den Türen der EU zu einem Forderungssteller verwandelt, wesentlich forciert durch die fatale Politik der Regierung Merkel.

Liberale Demokratien sind besonders anfällig für eine Politik der moralischen Erpressung. Die westlichen Regierungen haben unter

---

6 Zit. n. Dirk Schümer: »Die fatale Aufweichung unseres Rechtsstaates«, 11.1.2018, abrufbar unter https://www.welt.de/debatte/kommentare/article172386606/Der-Islam-darf-unseren-Rechts-staat-nicht-aufweichen.html.

7 Die Attentäter, die Paris im November 2016 in ein Schlachtfeld verwandelten, reisten genauso als Flüchtlinge ein, wie die Gotteskrieger von Würzburg und Ansbach. Darüber hinaus führen die Spuren islamistischer Anschläge immer wieder in deutsche Flüchtlingsheime.

dem Zeichen des moralischen Universalismus den Anspruch, die Menschenrechte weltweit zu schützen. Daher sind sie geneigt, allen moralischen Erpressungsversuchen nachzugeben. Allerdings rufen sie damit immer mehr den Unmut und den Widerstand innerhalb der eigenen Bevölkerungen hervor. So wird der gesellschaftliche Zusammenhalt und damit die Voraussetzung, um in den aktuellen und zukünftigen Auseinandersetzungen bestehen zu können, immer weiter zerstört. Ein Vorgang, der sich seit dem Beginn der Flüchtlingskrise im Sommer 2015 in ganz Westeuropa, speziell aber in der Bundesrepublik, eindringlich beobachten lässt. Idomeni zeigt exemplarisch, wie weit diese Spaltung im Land bereits vorangeschritten ist. Der Name steht so als Geschichtszeichen und Menetekel zugleich.

VI. AUSBLICK

Mit dem Triumph der alliierten Siegermächte über das Dritte Reich endet die Ära des klassischen Krieges. Die Zeiten, in denen zwei oder mehr Staaten ihre politischen, ökonomischen und/oder ideologischen Differenzen auf dem Schlachtfeld austragen, werden wahrscheinlich so schnell nicht mehr wiederkommen. Beginnend mit den antikolonialistischen Befreiungskriegen in Fernost und Afrika ist eine zunehmende Asymmetrisierung des Krieges zu beobachten, die in den so genannten »Neuen Kriegen« am Beginn des 21. Jahrhunderts ihren bisherigen Höhepunkt findet. Allerdings sind die Neuen Kriege, wie versucht wurde zu zeigen, keineswegs so neu, wie der Name vermuten lässt. Vielmehr weisen sie Gemeinsamkeiten mit Konflikten aus vorstaatlichen, tribalistischen Epochen auf, in denen die Gewalt nicht zentral organisiert und keine Grenze zwischen Krieg und bloßer Gewaltanwendung, Militär und Zivil, existierte. Die aktuellen Kriege werden nicht durch Schlachten definiert, stattdessen schwären sie, abgesehen von spektakulären Aktionen, die meiste Zeit unterhalb der öffentlichen Wahrnehmungsschwelle. Sie beginnen ohne förmliche Kriegserklärung, kennen keine Entscheidungs- oder Hauptschlacht und wenn sie enden, dann praktisch unmerklich, ohne das Begriffe wie Sieg oder Niederlage auf sie anwendbar sind.

Kriege werden heute nicht mehr erklärt, sondern im Stillen geführt, wie der Ukrainekonflikt aktuell zeigt. »Politische Ziele werden nicht mehr mit den Mitteln konventioneller Kriegsziele erreicht, sondern durch den breit gestreuten Einsatz von Desinformation, von politischen, ökonomischen, humanitären (!) und anderen nichtmilitärischen Maßnahmen, die in Verbindung mit dem Protestpotenzial der Bevölkerung in Einklang stehen.«[1] Rolf Peter Sieferle zitiert hier den russischen Generalstabschef Waleri Gerassimow, der in einer Rede vor der *Russischen Akademie für Militärwissenschaften* im Januar 2013 von »nichtlinearer Kriegsführung« spricht. Die NATO hat für diese Formen des Krieges den Begriff »hybrider Krieg« geprägt. Der damit

---

1 Vgl. Rolf Peter Sieferle: *Krieg und Zivilisation*, S. 531.

einhergehende Cyber-Krieg, der mit der Verbreitung des Internets korrespondiert, zielt weniger auf die militärische Potenz, sondern auf die Lähmung der technischen Systeme des Gegners und ist von Anfang an ein »totaler Krieg«, da er sich hauptsächlich auf zivile Ziele richtet, Kraftwerke, Elektrizitätsversorgung, öffentlicher Verkehr. »Er bleibt verschwiegen, lautlos und anonym«.[2]

Der klassische Sieg hat Anfang des 21. Jahrhunderts abgedankt. Hatte zuvor eine militärische Entscheidung einen Prozess ausgelöst, der die Unterwerfung der Besiegten unter den Willen der Sieger symbolisch und politisch kennzeichnete und einen Friedensprozess einleitete, sind die dazugehörigen Zeremonien und Zeichen heutzutage nicht mehr anwendbar. Zum einen, weil, wie das jüngste Beispiel Islamischer Staat zeigt, selbst ein Serie schwerer Niederlagen, von Kobane über Aleppo, Mossul bis Rakka nicht ausreicht, den Verteidigungswillen derart zu brechen, dass die Gotteskrieger ihre militärische Niederlage anerkennen. Im Gegenteil hat sich, je weiter sich der IS in Syrien und dem Irak zurückziehen musste, die Sicherheitslage in Europa und Deutschland verschärft. Zum anderen, weil ein klassischer Sieg mit seinen Überlegenheits- und Machtdemonstrationen gegen den im Westen vorherrschenden postheroischen Zeitgeist verstößt. Dieser akzeptiert den Einsatz kriegerischer Gewalt nur als »humanitäre Intervention« oder »Friedensmission«, bei denen es keine Sieger und Verlierer im herkömmlichen Sinne mehr geben kann und darf.

Der militante Islam weiß um die Empfindlichkeit und Verletzbarkeit postheroischer Gesellschaften. Die Ermattungsstrategie, die er mit seinen Terroraktionen verfolgt, zielt auf eine Destabilisierung und psychische Zermürbung, auf den »Willen« (Clausewitz) der westeuropäischen Gesellschaften. Die Attacken des militanten Islam richten sich dabei nicht gegen die materiellen Grundlagen des Feindes. Dafür ist er militärisch zu schwach. Stattdessen haben Allahs Krieger die innere Verfassung der feindlichen Gesellschaften im Visier, weshalb sie westliche Geiseln vor laufender Kamera enthaupten und den Krieg in die Metropolen tragen, wo die »Soldaten des Kalifats« Konzerthallen, Flughäfen, Super- und Weihnachtsmärkte in Schlachtfelder verwandeln. Ihre Waffen sind primitiv (Sturmgewehr, selbstgebaute

Bomben, Messer, LKW) und keineswegs dem gleichwertig, was der Westen imstande ist, an militärischem Gerät aufzubieten. Jedoch genügen sie, um unter den Angegriffenen die gewünschte Wirkung hervorzurufen. Verantwortlich dafür ist auch der perfektionierte Einsatz moderner Medien zur Stimmungslenkung und Propaganda. So verfügt der Islamische Staat über ein weites Medienimperium, zu dem neben Online-Magazinen, Bloggern und Radiosendern auch das Al-Hayad-Media-Center gehört, das gleichzeitig hochprofessionelle Videofilme zur Einschüchterung der westlichen Gesellschaften und zur Aufstachelung des Kampfeswillen der Umma produziert.

Nicht nur die Ankunft der Neuen Kriege in Europa und Deutschland birgt die Gefahr der Retribalisierung der Verhältnisse. Seit dem Flüchtlingsandrang der letzten Jahre sind Hunderttausende illegaler Migranten, darunter überproportional viele junge Männer im wehrfähigen Alter, in vormodernen Kulturkreisen und gewaltaffinen Gesellschaftsstrukturen aufgewachsen, ungehindert nach Europa gekommen. Idealer Nährboden, wie vor allem in Frankreich zu sehen, für die Rekrutierung neuer Gotteskrieger, die für ihr eigenes Versagen die westlichen Gesellschaften verantwortlich machen. Mit ihnen sind Formen der Gewalt nach Deutschland gekommen, die hier als längst überwunden galten. Bereits heute vergeht kaum ein Tag ohne neue Nachrichten von Ausschreitungen, Massenschlägereien, Messerstechereien, Vergewaltigungen, Ehrenmorden, blutigen Glaubens-, Clan- oder Nationalitätenstreitigkeiten. Wie lange das Narrativ »Einzelfall« diese Zunahme an Gewalttaten zudecken und bagatellisieren kann, bleibt abzuwarten. Bürgerkriegsähnliche Zustände sind in Zukunft nicht ausgeschlossen, vor allem wenn der Staat seine wichtigste Aufgabe, Sicherheit und Schutz durch Polizei und Militär zu gewährleisten, nicht mehr erfüllen kann.

Zeitgleich und wie ein schwarzer Zwillingsbruder scheint es eine Art Wunsch nach Selbstauflösung im Juste Milieu zu geben, der nun, angesichts der Massenmigration, endlich Wirklichkeit zu werden verspricht. Unverhohlen lustvoll werden die Demontage des Eigenen

2 Ebd., S. 542.

und die Zerstörung gewachsener Strukturen und Traditionen vorangetrieben. Die Bedeutung der nationalen und kulturellen Identität wird belächelt, kleingeredet, sofort mit dem Stigma biologistisch-völkischer Gesinnung versehen oder gleich ganz verleugnet. Dieselben Gruppen unterminieren nach Kräften das staatliche Gewaltmonopol und damit die Durchsetzung von Recht und Gesetz. Das beginnt auf Regierungsebene, wo einsame Entscheidungen der Kanzlerin Gesetze, Beschlüsse und Vereinbarungen aushebeln, setzt sich über eine Rechtsprechung fort, die schon längst im Verdacht steht, mehr die Täter als die Opfer zu schützen und endet bei Ärzten, die Gefälligkeitsgutachten bei richterlich angeordneten Abschiebungen ausstellen, während letztere von Polit-Aktivisten, Kirchenvertretern, Pro Asyl und Grünen verhindert werden, die sich dabei wiederum der Sympathien eines großen Teils des polit-medialen Komplexes sicher sein können. Die Folgen all dieser Entwicklungen sind bekannt. Das Leben in Deutschland ist unsicherer geworden. Angsträume, vor allem für Frauen, weiten sich aus, ebenso rechtsfreie Räume und Parallelgesellschaften, in denen die deutschen Gesetze nur auf dem Papier Gültigkeit besitzen. Ansonsten herrschen die tribalistischen Rechts- und Ordnungsvorstellungen patriarchaler Stammesgemeinschaften.

Für große Teile der politischen Linken kündigt sich mit den hereinströmenden Migranten ein neues Zeitalter an. Stellvertretend hier nur zwei Ikonen, der amerikanische Literaturwissenschaftler Michael Hardt und der italienische Philosoph Antonio Negri, die in ihrem im Jahr 2002 erschienenen und als Fortsetzung des Kommunistischen Manifests gefeierten Buch *Empire* das (erwünschte) Ende der alten Ordnung prognostizieren:

»Ein Gespenst geht um in der Welt, und sein Name ist Migration. Alle Mächte der alten Welt haben sich vereint und kämpfen gnadenlos dagegen an, aber die Bewegung ist nicht aufzuhalten. (…) Eine neue Horde von Nomaden, ein neue Rasse von Barbaren wird kommen und ins Empire einfallen oder es evakuieren.«[3]

Am Ende dieser Vision steht der Neue Mensch: »Fern aller aufklärerischen oder kantianischen Träumereien (…) verlangt die Menge nicht nach einem kosmopolitischen Staat, sondern nach einer gemeinsamen Spezies. In einer Art säkularem Pfingstfest vermischen sich die Körper, und die Nomaden sprechen eine gemeinsame Sprache.«[4]

Der Begriff des Nomaden bezeichnet hier eine theoretische Figur des subversiven Widerstandes gegen hegemoniale Machtstrukturen, in der sich Kosmopolitismus, Nonkonformismus und Freiheitsstreben miteinander vereinen sollen. Mit ihm verwandt sind die »neuen Barbaren«. Deren »positives Barbarentum« verfüge neben der zerstörerischen über eine mindestens genauso wichtige zukunftsweisende und aufbauende Komponente, die die zwangsläufig anfallenden Opfer bei der Fortentwicklung aufwiegt und rechtfertigt. »Die neuen Barbaren zerstören mit affirmativer Gewalt und bahnen neue Lebenswege durch ihre eigene materielle Existenz.«[5] Aus der Perspektive von Hardt/Negri sind die Menschenströme aus Afrika, dem Nahen und Mittleren Osten die Vorboten eines neuen, goldenen Zeitalters. Wenn man weit in die Geschichte zurückgreift, dann kann man die aktuellen Entwicklungen so in der alten Dualität von Sesshaften und Nomaden chiffrieren. Nur das heute, auf Seiten der Linken, der Nomade/Barbar für angeblichen Fortschritt und Fluidität steht, der Sesshafte umgekehrt für Besitzstandswahrung und Stillstand.

Die heutige Haltung innerhalb der bundesrepublikanischen Eliten beschreibt der Publizist Siegfried Gerlich deshalb wie folgt: »Nicht dass die Migranten keinen Ort haben, erscheint ihren Sympathisanten als das eigentliche Problem, sondern dass die Ansässigen sich von dem ihren nicht so einfach trennen wollen.«[6]

Inzwischen formiert sich aber in den Bevölkerungen der am stärksten von den Migrationsströmen betroffenen Länder vermehrt Widerstand. Auf parlamentarischer Ebene hat das in Deutschland zum Einzug der AfD als drittstärkster Fraktion in den Bundestag geführt. Darüber hinaus wird der Protest auf die Straße getragen: Minister und selbst die Regierungschefin werden von Demonstranten niedergebrüllt, Frauen beginnen sich in Initiativen gegen die alltägliche

3 Michael Hardt/Antonio Negri: *Empire*, Frankfurt a. M., 2000, S. 225.
4 Ebd., S. 370.
5 Ebd., S. 227.
6 Siegfried Gerlich: »Das alte und das neue Nomadentum«, in: TUMULT, Sommer 2017, S. 25.

Gewalt zu wehren, Bürger und vor allem die Bürgerinnen reagieren auf den zunehmenden Kontrollverlust des Staates mit heimlichem Rückzug, öffentliche Räume und Verkehrsmittel werden gemieden. Andere besuchen Selbstverteidigungskurse, kaufen Pfefferspray, bauen Sicherheitstechnik in ihre Wohnung ein oder beantragen kleine Waffenscheine. Wieder andere schließen sich in Bürgerwehren und Nachbarschaftspatrouillen zusammen, um die Sicherheitslücken, die der Rückzug der Staatsgewalt hinterlässt, zu füllen. Sie alle eint das Misstrauen gegenüber einem Staat, der immer weniger dazu in der Lage und willens scheint, die öffentliche Sicherheit zu gewährleisten.

Die Frage der Masseneinwanderung hat seit dem Beginn der Flüchtlingskrise im Sommer 2015 zu einer starken Polarisierung der deutschen Gesellschaft geführt, die Gräben zwischen den Lagern vertiefen sich immer mehr. Wie weit dieser Prozess der gegenseitigen Entfremdung bei gleichzeitig wachsender Feindschaft vorangeschritten ist, kann an der Sprache festgemacht werden. Da steht der »Menschenfeind« und »Rassist« gegen den »linksversifften Gutmensch«, der »Islamophobiker« gegen den »Dhimmi« und der »Nazi« gegen den »Volksverräter«. Angesichts eines derart angespannten politischen und gesellschaftlichen Klimas kann von einem gemeinsamen Willen zur Selbstbehauptung keine Rede sein. Und dies in einem historischen Augenblick, in dem die Angriffe von Paris, Brüssel, Berlin oder Manchester eine existenzielle Auseinandersetzung mit einem »absoluten Feind« ankündigen, der für das Schicksal der europäischen Völker und Nationen entscheidend wird. Auch sind die Spaltungslinien innerhalb Europas deutlich zu sehen, da die osteuropäischen Länder nicht bereit sind, dem westlichen Imperativ des »One World« zu folgen. Dafür müssen sie sich in den deutschen Medien regelmäßig als Reaktionäre und Rechtspopulisten beschimpfen lassen.

Anders als die Granden der EU oder Angela Merkel verkünden, geht es für den Westen und Deutschland nicht um einen Sieg über den Terror. Wie sollte ein solcher auch aussehen? Vielmehr geht es darum, den Erhalt und die Bewahrung einer freien, pluralistischen und offenen Gesellschaft mit allen rechtsstaatlichen Mitteln zu verteidigen. Dafür braucht es aber einen gemeinsamen ideellen Kern, der alle Gruppen integrieren kann und so dem Zerfall des Gemeinwesens vorbeugt. Es braucht darüber hinaus die Selbstgewissheit hinsichtlich dessen, was es überhaupt zu verteidigen gilt. Erst wenn darüber Klarheit herrscht, wird Deutschland und mit ihm Europa in der Lage sein, dem militanten Islam auf Augenhöhe zu begegnen.

Doch woher soll ein solch fundamentaler Bewusstseinswandel kommen? Die überall in Europa aktiven zuwanderungs- und regierungskritischen Parteien, Organisationen und Bewegungen setzen ihre Hoffnungen bei der Rettung der »Alten Welt« auf eine Renationalisierungsagenda. Damit verkehren sie quasi die Internationalisierungspolitik ihrer Antagonisten im Innern in ihr Gegenteil. Diese Strategie wird in einer globalisierten Welt, in der ganze Kultur- und Zivilisationsräume die Geschicke des Planeten bestimmen werden, an ihre inneren Grenzen stoßen.

Andere, wie der französische Schriftsteller Maurice Dantec, sehen im Glauben die einzige Chance für Europa. Nur eine spirituelle Macht wie das Christentum oder das Judentum ist für Dantec dazu imstande, den Kampf mit einer anderen spirituellen Macht wie dem Islam aufzunehmen.[7] Fraglich bleibt allerdings, wer für eine solche Re-Christianisierung Deutschlands sorgen sollte? Vor allem, da die Amtskirchen als eigentlich logischer Ausgangspunkt einer solchen Entwicklung wegfallen. Sie sind längst integraler Bestandteil des bunten Deutschlands und eine der hartnäckigsten Verteidiger der Willkommenskultur, die in rein moralischen Kategorien verhandelt wird. Aber abgesehen davon: ist ein christliches Erwachen überhaupt wünschenswert? Schließlich bedeutet der säkulare Rechts- und Sozialstaat einen über Jahrhunderte hart erkämpften und teuer bezahlten zivilisatorischen Fortschritt.

Dennoch führt Dantecs Vorschlag zu einem zentralen Punkt in der Auseinandersetzung zwischen dem militanten Islam und dem säkularen Westen. Es stellt sich hier die zwingende Frage, ob, und wenn ja, inwieweit Europa und Deutschland bereit und in der Lage

---

7 Michel Houellebecqs: »Ich bin ein halber Prophet. Rede zum Schirrmacher-Preis«, 27.9.2016, abrufbar unter http://www.faz.net/aktuell/feuilleton/rede-zum-schirrmacher-preis-houellebecq-ich-bin-ein-halber-prophet-14454177.html.

sind, sich einem Feind anzugleichen, der inzwischen mitten unter uns ist? Damit soll kein Überbietungswettbewerb der Grausamkeiten oder die Beantwortung terroristischer Angriffe durch ebenso terroristische Vergeltungsmaßnahmen gegen Zivilisten suggeriert werden. Vielmehr geht es um eine mentale Konstitution, um den Aufbau von Entschlossenheit, dem Feind aller Liberalität und Demokratie mit der gebotenen Unbedingtheit und Härte entgegenzutreten.

Das ist ohne Frage ein überaus schwieriges und heikles Unterfangen für Demokratien westlichen Zuschnitts. Gleichwohl existiert eine demokratische Gesellschaft, die diese Gratwanderung bereits seit Jahrzehnten höchst erfolgreich absolviert. Seit dem Tag seiner Gründung ist der Staat Israel den Attacken und Angriffen seiner Feinde ausgesetzt. Das Land befindet sich in einem Dauerkriegszustand und dennoch rangiert es seit der erstmaligen Erhebung des »Demokratieindex« 2006 stets auf einem der vorderen Plätze[8]. Die einzige funktionierende Demokratie im Nahen Osten steht exemplarisch für eine Gesellschaft, die trotz der permanenten Bedrohungslage demokratische Standards aufrechterhält. Dieses Selbstverständnis ist in den kollektivhistorischen Rahmen der israelischen Gesellschaft eingebunden, an den Glauben, die eigene demokratische Qualität auch in einem undemokratischen Umfeld erhalten zu können. Dieser Glaube nährt, bei allen innerstaatlichen Konflikten und Problemen, den Widerstandsgeist und den Selbstbehauptungswillen. Nicht umsonst wird Israel deshalb insbesondere von deutscher Seite für die Bewahrung des Eigenen, also seine Widerstandsfähigkeit, immer wieder kritisiert. Wehrhaft zu sein, erscheint in den Augen eines vollständig pazifizierten Deutschlands geradezu als ein Verbrechen:

»Denn dass es da tatsächlich ein modernes und liberales Land gibt, dass auf seine kulturelle Identität pocht, das willens ist, diese auch mit Waffengewalt zu verteidigen, das nicht bereit ist, sich selbst aufzugeben, sondern tatsächlich um die eigene Existenz kämpft – das übersteigt das durchschnittliche deutsche Vorstellungsvermögen bei weitem.«[9]

Erst wenn den Europäern Ähnliches gelingt und sie wieder bereit und fähig sein werden, aus Gründen der Selbstbehauptung und Selbstachtung gemeinsam zu streiten, erst dann werden sie der Agonie der Alten Welt aus eigener Kraft ein Ende setzen können. Die nahe Zukunft wird zeigen, ob dies gelingen wird oder nicht. In Abwandlung von Raymond Arons berühmter Formel: Auch wenn man nicht mehr siegen kann, sollte man wenigstens nicht verlieren.

8 http://democracyranking.org/wordpress/rank/democracy-ranking-2016/.
9 Alexander Grau: »Die Staat gewordene Provokation«.

Bestellen über: **tumult.bestellen@t-online.de**

Abonnieren über: **tumultabo@gmx.de**

**Ab 7. März
in den Presseshops
der Bahnhöfe
und Flughäfen**

Jubiläumsausgabe, 128 S.
10 Euro (D),
10,50 Euro (A)
12 SFR (CH)

– 5 Jahre TUMULT –
Jubiläumsausgabe, 128 Seiten

Frühjahr 2018

TUMULT
Vierteljahresschrift für Konsensstörung

DAS FEMINISTISCHE PATRIARCHAT
Vom Verschwinden der Liebe in der Selbstherrlichkeit

ACH, DEMOKRATIE
Stümperei, Kontrollverlust, Infantilisierung

NEUE WELTORDNUNG
Amerikanische Hybris und Paralyse

GOTT, DER NIE FORT WAR
Ohne kulturelle Rückbesinnung kein Überleben

NR. 01/2018 · ISSN: 2363-9911 · ISBN: 978-3-946730-064

10,00 EURO (D) · 10,50 EURO (A/EU) · 12,00 SFR (CH)

4 19874 541000 3   01

PETER J. BRENNER · GEORG BRUNOLD · EGON FLAIG · PAUL E. GOTTFRIED · BETTINA

GRUBER · HERVÉ JUVIN · JOSEF KRAUS · STEPHAN KRAWCZYK · SAFETA OBHODJAS

CARLOS EDUARDO PÉREZ CRESPO · EVA C. SCHWEITZER · HEINZ THEISEN ...

Editor: FRANK BÖCKELMANN
beraten von EGON FLAIG und ULRICH SCHACHT

Mehr Infos unter: www.tumult-magazine.net